지적 대화를 위한

# 이럴 때 이런 한자

지적 대화를 위한

# 이럴 때 이런 한자 1

**초판 1쇄 펴낸날** 2024년 9월 2일

**지은이** 김한수
**펴낸이** 이종근
**펴낸곳** 도서출판 하늘아래

**주소** 경기도 고양시 일산동구 하늘마을로 57- 9 3층 302호
**전화** (031) 976-3531
**팩스** (031) 976-3530
**이메일** haneulbook@naver.com
**등록번호** 제300-2006-23호

ISBN 979-11-5997-102-0 (04700)
ISBN 979-11-5997-101-3 (세트)

지적 대화를 위한

# 이럴 때 이런 한자

① 

김한수 지음

인간은 사회적 동물입니다. 우리는 타인과의 소통 없이는 살아갈 수 없고, 그 소통의 핵심이 바로 대화입니다. 대화는 단순히 말을 주고받는 것을 넘어, 서로의 생각과 감정을 나누고 이해하며, 공감하는 과정입니다. 이런 대화에서는 자기의 생각과 감정을 명확하고 간결하게 표현하는 것은 중요합니다. 모호하거나 애매한 표현은 오해를 불러일으킬 수 있으므로, 구체적인 언어를 사용해야 자신의 의견을 명확하게 전달할 수 있습니다. 이럴 때 우리는 조금 더 대화의 품격을 높이고 자신이 알고 있는 지식과 경험으로 상황에 맞는 어휘를 다양하게 표현하고 싶은 욕구가 생기게 마련입니다. 그래서 상대에게 자신의 어휘력과 말의 신뢰도를 높이고 지적인 모습으로 보이고 싶어 합니다. 그러나 자신이 지식으로 배워 알고 있거나 경험에서 나오는 어휘나 문장이라 할지라도 어휘가 가지고 있는 뜻을 어느 때 사용해야 하는지, 어떤 상황에 표현되어야 하는지를 모른다면 그 어휘는 무용지물이 될 것입니다.

대화를 잘하는 사람들의 특징은 다양한 어휘를 자유롭고 적절하게 활용하여 표현한다는 것입니다. 그만큼 대화를 잘하는 사람들은 많은 어휘를 습득하고 학습하여 실생활에서 능수능란하고 적절하게 표현할 수 있다는 것입니다.

우리가 사용하는 많은 어휘는 한자어가 많습니다. 사실 우리가 일상생활에서 사용되는 어휘의 70% 이상이 한자어라고 합니다. 한자어가 우리말에 많은 비중을 차지하고 있었던 것은 우리 문화가 한자를 사용하여 글을 쓰고 소통했기 때문에, 그 과정에서 자연스럽게 한자어가 우리말에 영향을 미쳤고, 오늘날까지도 우리말의 중요한 구성 요소로 자리 잡게 되었습니다. 단순히 외래어라고 생각하기 쉬운 단어들도, 깊이 들여다보면 한자의 흔적을 발견할 수 있습니다. 한자어는 단순히 말을 채우는 단어가 아닌, 한자 하나하나의 고유한 의미와 음과 운이 있어서 다양한 어휘를 만들어 낼 수 있습니다. 각 한자의 어원과 뜻과 의미를 알게 된다면 우리말에 대한 이해와 함께 대화를 이끌어 가는 데도 중요한 역할을 할 것으로 생각합니다.

　그래서 『이럴 때 이런 한자 1』에서는 지적인 대화를 위해 다양한 한자 성어를 주제별로 소개하였습니다. 또한 한자 성어의 한자(漢字) 하나하나의 어원과 의미를 파악하여 전체적인 뜻을 이해하고 어떤 상황에 어떻게 표현해야 하는지, 활용하는 데 중점을 두고 집필하였습니다. 막연하게 한자 성어를 외우는 것이 아니라 다양한 표현 방법으로 빠르게 이해하고 학습할 수 있도록 하였습니다. 또한 한자에서 파생되는 비슷하거나 관련된 많은 한자 어휘를 소개하고 뜻과 함께 실생활에 활용할 수 있는 예문을 제시해 깊이 있는 대화를 이끌어 갈 수 있도록 하였습니다.

『지적 대화를 위한 이럴 때 이런 한자 1』은 이렇게 만들었습니다.

❶ 『이럴 때 이런 한자 1』에서는 시작, 용기, 위기, 노력, 친구, 인간관계, 웃음, 의지와 결단, 마음(감정), 사랑 등 각 장의 주제와 관련된 한자 성어를 모아, 상황별로 소개하였습니다.

❷ 각 장의 주제와 관련된 한자 성어의 겉 뜻풀이 순서와 함께, 속뜻을 명시하고, 한자 성어가 가지고 있는 의미와 일상 대화나 상황에서 어떻게 표현되는지를 설명하였습니다. 또한 한자 성어의 다양한 예문을 제시함으로써 뜻과 의미를 적절한 상황에서 표현할 수 있도록 구성하였습니다.

❸ 한자 성어 각각의 한자(漢字) 형성과정을 정리하여, 뜻과 의미를 쉽게 이해할 수 있도록 하였으며, 알고는 있으나 뜻을 모르거나, 전혀 모르는 새로운 어휘, 또는 어떻게 표현해야 할지 모르는 한자(漢字) 어휘를 선별하여 적절하게 표현할 수 있도록 예문과 함께 소개하였습니다.

❹ 상황별 주제에 맞는 한자 성어나 전체적인 의미와 비슷한 한자 어휘를 키워드로 뽑아 더 많은 어휘를 습득하게 하고 적절하게 표현할 수 있도록 예문을 제시하여 요즘 세대와 어른들의 어휘력 향상에 도움이 될 수 있도록 하였습니다.

# 차례

## 셋째 마당 위기

### 위기를 극복한다면 그것은
### 인생의 깊이를 만들어가는 것이다

## 넷째 마당 노력

### 노력은 기술이 아니라
### 계속 전진하게 하는 동력이자 성공의 흔적이다

## 다섯째 마당 친구

### 친구를 얻는 유일한 방법은
### 스스로 완전한 친구가 되는 것이다     103

## 여섯째 마당 인간관계

### 인간관계는 서로 공유되는 경험과 감정을 통해 가까워진다   125

## 아홉째 마당 마음(감정)
### 마음이 편안한 사람은 호수와 같은 잔잔함이 있고
### 숲의 숨결과 같은 평온함이 있다

## 열 번째 마당 사랑
### 사랑은 끝없는 이야기 속에
### 인생이라는 책을 아름답게 채워간다

# 시작

**괜찮아 이제부터 다시 시작하는 거야**

새로운 시작은 항상 두렵지만,
그것은 또 하나의 새로운 가능성과 인생의 변화를 선물합니다.
작은 나비의 날갯짓 하나가 거대한 변화를 일으킬 수 있듯이
오늘 하루 작은 시작이 당신에게 큰 변화를 가져올 수 있습니다.

처음 세운 목표를
끝까지 포기하지 않고 이루고자 할 때

초지일관

# 初志一貫

초지일관(初志一貫)은 처음 품은 뜻을 변함없이 일관되게 유지한다는 뜻
으로, 변함없는 태도와 신념을 가지고 목표를 향해 나아가는 것을 표현할
때 사용되는 말입니다. 즉 초지일관은 초심을 잃지 않고 처음 세운 계획이
나 목표를 끝까지 지키려는 결심과 의지를 표현하는 말입니다. 그러니 사
람의 마음은 처음부터 끝까지 일관된 태도를 유지하기란 힘든 일입니다.
잘 달려가다가도 계획에 차질이 생기거나, 도중에 희망이 없어 보여 낙심
할 때면 포기하기가 쉽습니다. 이럴 때 다시금 마음을 가다듬고, 초지일관
의 정신으로 끈기와 인내심을 가지고, 노력한다면 성공은 어느새 당신에게
다가와 있을 것입니다.

[    한자를 알면 뜻이 보인다    ]

初志一貫 : 처음[初] 품은 뜻[志]을 일관[一]되게 유지하다[貫]
처음에 세운 뜻을 이루려고 끝까지 밀고 나감.

**初** : 처음 초, 7획 ──────────────────────────── 부수: 刀

옷 의(衤)와 칼 도(刀)가 합하여 이루어진 모습으로, '처음'이나 '시작'이라는 뜻을
가진 글자이다. 옷을 만들 때 옷감을 마름질하는 것이, 첫 번째 과정이라는 의미에서
'처음'이라는 뜻이 생성되었다.

> **초일(初日)** : 처음 초(初), 날 일(日)로, 어떤 일이 처음으로 시작되는 날.
> 예문 관람객은 초일부터 만원이었다.

**志** : 뜻 지, 7획 ──────────────────────────── 부수: 心

발음 기호인 선비 사(士)와 마음을 나타내는 마음 심(心)이 합쳐진 모습으로, 이는
마음속에 품은 뜻이나 목표를 의미하는 글자이다. 그러나 금문에 나온 志를 보면 본래는
갈 지(之)와 마음 심(心)이 합쳐진 것이었다.

> **지향(志向)** : 뜻 지(志)와 향할 향(向)으로, 어떤 목표의 뜻이 쏠리어 향함.
> 예문 우리는 평화통일을 지향한다.

**一** : 한 일, 1획 ──────────────────────────── 부수: 一

막대기를 옆으로 눕혀놓은 모습을 그린 것으로, '하나'나 '첫째', '오로지'라는 뜻을 가진
글자이다.

> **일맥(一脈)** : 한 일(一)과 줄기 맥(脈)으로, 하나로 이어진 줄기.
> 예문 두 가지 현상에는 일맥상통한 점이 있다.

**貫** : 꿸 관, 11획 ──────────────────────────── 부수: 貝

꿰뚫을 관(毌)과 조개 패(貝)가 합하여 이루어진 모습으로, '꿰다'나 '뚫다'라는 뜻을
가진 글자이다. 毌(꿰뚫을 관)은 물건을 고정하기 위해 긴 막대기를 꿰뚫은 모습을 그린
것이다.

> **관철(貫徹)** : 꿸 관(貫)과 뚫을 철(徹)로, 자신의 주장이나 방침을 밀고 나가 목적을
> 이룸.
> 예문 노조는 끝까지 투쟁하여 목적을 관철하였다.

#꿰뚫다    #통하다    #맞다

**관록(貫祿)** : 어떤 일을 오래 겪으면서 갖추어진 권위나 위엄.

예문 그의 목소리와 동작 하나하나에서 연기 이십 년의 관록이 묻어났다.

**관통상(貫通傷)** : 총탄 등이 몸을 꿰뚫고 나간 상처.

예문 철수 아버지는 월남전에서 관통상을 입었다.

**관중(貫中)** : 화살이 과녁의 한가운데에 맞음.

예문 활을 쏜 후 관중이 되었는지 확인하였다.

〖 초지일관, 이럴 때 이렇게 〗

1. 그의 인생은 한 곳만 보며 달려간, 초지일관의 삶이었다.

2. 신념 하나로 평생을 초지일관 산다는 게 어디 쉬운 일입니까?

3. 그녀의 고집스러운 성격은 항상 초지일관 변하지 않는 모습이었다.

4. 형식이는 재산을 모아 초지일관 어려운 이웃을 위해 나눔을 실천하는 삶을 살고 있다.

5. 물이 쉬지 않고 흐르면 바위를 뚫듯, 초지일관 쉬지 않고 공부하면 뜻을 이룰 수 있다.

새로운 일을 시작하기가
두렵고 어려울 때

작시성반

# 作始成半

작시성반(作始成半)은 시작하면 반을 이룬다는 뜻으로, 처음에 시작하기가 어렵지만, 시작하면 반은 이룬 것이라고 표현할 때 사용되는 말입니다. 우리는 어떤 일을 진행할 때, 머뭇거리며 고민하는 경우가 종종 있습니다. 막상 시작하려 하니, 앞이 보이지 않고, 언제 끝날지도 모르는 두려움에 시작조차 엄두도 못 내고 포기할 때가 많습니다. 이럴 때 우리는 자신에게 또는 시작하려는 사람에게 '시작이 반'이라고 표현할 때가 종종 있습니다. 이 말은 시작하면 이미 절반의 성과를 거둔다는 작시성반의 뜻과 일맥상통한 속담입니다. 일을 미루거나 두려워하지 말고 목표를 향해 첫걸음부터 내딛는 것이 중요한 만큼 일을 시작하면 절반은 이미 이루어진 것과 같다는 믿음으로 용기를 가지고 도전하기를 바랍니다.

〖   한자를 알면 뜻이 보인다   〗

作始成半 : 시작[始][作]하면 반[半]을 이룬다[成]
처음에 시작하기가 어렵지, 시작하면 끝이 어렵지 않다는 뜻.

作 : 지을 작, 7획 ──────────────── 부수: 亻

사람 인(人)과 잠깐 사(乍)가 합하여 이루어진 모습이다. 사람이 무엇을 짧은 시간에 잠깐 동안 만든다는 의미에서 '짓다'나 '만들다'라는 뜻으로 파생되었다.

> 작물(作物) : 지을 작(作)과 만물 물(物)로, '농사를 지어 얻은 식물'을 뜻한다.
> (예문) 이 지방의 주요 작물은 사과이다.

始 : 시작할 시, 8획 ──────────────── 부수: 女

여자를 나타내는 여(女)와 태아가 자라는 모습을 나타내는 태(台)가 합하여 이루어진 모습으로, 생명이 시작되는 것을 의미하여, '시작하다', 처음' '일찍이'라는 뜻을 가진 글자이다.

> 시구(始球) : 처음 시(始)와 공 구(球)로, 경기가 시작되었음을 알리기 위해 처음으로 공을 던지는 일
> (예문) 유명 가수가 야구경기장에 나와 시구했다.

成 : 이룰 성, 6획 ──────────────── 부수: 戈

창 과(戌)와 못 정(丁)이 합하여 이루어진 모습으로, 창과 고무래가 결합하여 무언가를 완성하는 과정을 의미하여 '이루다', '갖추다', '완성되다'라는 뜻을 가진 글자이다.

> 성과(成果) : 이룰 성(成)과 실과 과(果)로, 일이 이루어진 결과.
> (예문) 우리는 이번 행사에서 기대 이상의 성과를 올렸다.

半 : 반 반, 5획 ──────────────── 부수: 十

소 우(牛)와 여덟 팔(八)이 합하여 이루어진 모습으로, 본래 소를 도살한 후 반으로 가른다는 의미에서 '반'이나 '절반', '가운데'라는 뜻을 가지게 되었다.

> 반파(半破) : 반 반(半)과 깨뜨릴 파(破)로, 반쯤 부서진 상태를 말함.
> (예문) 사고로 차량이 반파되었다.

**#시작**

**이발지시**(已發之矢) : 이왕에 시작한 일이라 중도에 그만두기 어려운 형편임을 말함.

예문 성현이는 이발지시라고 다이어트를 중도에 포기할 수 없었다.

**유시유종**(有始有終) : 처음도 있고 끝도 있다는 뜻.

예문 처음 하는 일이지만, 유시유종으로 좋은 결과를 얻고자 최선을 다했다.

**대기가사**(大起家舍) : 집을 굉장히 크게 짓기 시작함.

예문 아버지는 고향에 내려가 전원생활을 하기 위해 대기가사를 하셨다.

[ 　　작시성반, 이럴 때 이렇게　　]

1. 김 과장은 작시성반이라고 꾸준한 노력 끝에 금연에 성공하였다.

2. 이번 프로젝트를 위해 밤낮을 가리지 않고 일하다 보니 벌써 작시성반이 되어 마무리를 할 수 있었다.

3. 그녀는 고민 끝에 작시성반하여 좋은 결과를 얻을 수 있었다.

4. 민준아, 글쓰기가 처음엔 어렵겠지만, 일단 쓰다 보면, 작시성반 좋은 글을 쓰게 될 거야.

5. 해야 할 일은 많지만, 작시성반이란 말이 있듯이, 일단 시작하면 금방 적응하고 끝을 볼 수 있을 거야.

한번 시작한 일을
끝까지 마무리하고 싶을 때

유시유종

# 有始有終

유시유종(有始有終)은 처음이 있으면 끝도 있다는 뜻으로, 어떤 일이든 처음부터 끝까지 계획적으로 진행하고 완벽하게 마무리하는 것을 표현할 때 사용되는 말입니다. 즉 어떤 일을 시작할 때 그것을 완수하고 끝까지 마무리 짓는다는 의지와 결속력을 표현하는 것입니다. 유시유종은 단순히 완벽한 성공을 위해서가 아니라, 목표를 달성하기 위해 꾸준히 노력하고 최선을 다하는 것에 큰 의미가 있으며, 즉각적인 성과를 기대하기보다는 장기적인 관점에서 노력하고 포기하지 않는다는 정신을 담고 있습니다. 우리는 유시유종을 단순히 말로만 표현하는 것이 아니라, 실천을 통해 증명해야 한다는 점을 잊지 말아야 합니다.

〚     한자를 알면 뜻이 보인다     〛

有始有終 : 처음[始]이 있으면[有] 끝[終]도 있다[有]
한번 시작한 일을 끝까지 마무리함을 이르는 말.

**有** : 있을 유, 6획 ──────────────── 부수: 月

또 우(又)와 육달 월(月)이 합하여 이루어진 모습으로, 손에 무엇인가를 가지고 있다는 의미에서 '있다', '존재하다', '가지고 있다', '소유하다'라는 뜻을 가진 글자이다.

> **유세(有勢)** : 있을 유(有)와 힘 세(勢)로, 자랑삼아 세도를 부림.
> (예문) 그는 돈 꽤나 번다고 유세를 부린다.

**始** : 시작할 시, 8획 ──────────────── 부수: 女

여자를 나타내는 여(女)와 태아가 자라는 모습을 나타내는 태(台)가 합하여 이루어진 모습으로, 생명이 시작되는 것을 의미하여, '시작하다', 처음 '일찍이'라는 뜻을 가진 글자이다.

> **시발(始發)** : 처음 시(始)와 떠날 발(發)로, 맨 처음 출발하거나 발차함.
> (예문) 기차의 첫 시발 시간은 05시 30분이다.

**有** : 있을 유, 6획 ──────────────── 부수: 月

또 우(又)와 육달 월(月)이 합하여 이루어진 모습으로, 손에 무엇인가를 가지고 있다는 의미에서 '있다', '존재하다', '가지고 있다', '소유하다'라는 뜻을 가진 글자이다.

> **유리(有利)** : 있을 유(有)와 이로울 리(利)로, 이로움이 있음.
> (예문) 온난 다습한 지역은 벼농사에 유리하다.

**終** : 마칠 종, 11획 ──────────────── 부수: 糸

실을 상징하는 糸(가는 실 사)와 한 해의 마지막을 상징하는 冬(겨울 동)이 합하여 이루어진 모습으로, 실이 다 떨어져 더 이상 이어질 수 없는 상태 즉 마무리나 종료를 의미하여 '마치다', '끝나다', '끝마침'이라는 뜻을 가진 글자이다.

> **종국(終局)** : 마칠 종(終)과 판 국(局)으로, 일을 마치는 마지막 상황.
> (예문) 그 공사는 종국에는 실패하고야 말았다.

#끝

**유종지미(有終之美)** : 한번 시작한 일을 끝까지 잘하여 끝맺음이 좋음.

[예문] 그의 성격은 유종지미와 같아 모든 일을 꼼꼼하게 마무리한다.

**무두무미(無頭無尾)** : 밑도 끝도 없음을 뜻하는 말.

[예문] 용호가 무두무미하게 화를 내는 모습에 나는 당황하고 말았다.

**자초지종(自初至終)** : 처음부터 끝까지의 과정.

[예문] 나는 오늘 있었던 사건에 대해 선생님께 자초지종 설명하였다.

〚 유시유종, 이럴 때 이렇게 〛

1. 성년의 날, 아버지께서는 성년이 되면 매사에 더욱 유시유종해야 한다고 말씀하셨다.

2. 네가 맡은 일이니, 유시유종을 위해 최선을 다해 노력하기를 바란다.

3. 그녀는 유시유종의 각오로 주식을 연구하여, 몇 년 만에 경제적 자유를 달성할 수 있었다.

4. 해창이는 성적을 상위권으로 끌어올리기 위해 유시유종의 각오로 최선을 다하고 있다.

5. 아무리 바빠도 유시유종이란 말을 잊지 말고 처음부터 끝까지 잘 마무리했으면 좋겠다.

처음 가졌던 마음이
변하고 흔들릴 때

초심불망

# 初心不忘

초심불망(初心不忘)은 처음 가졌던 마음을 잊지 않는다는 뜻으로, 시작할 때의 결심이나 다짐을 끝까지 간직하며 변하지 않는다는 의미로 표현되는 말입니다. 정부의 주요 수장들이 교체되거나 공직자가 취임하면 취임사를 하게 되는데, 이때 자주 사용하는 말이 초심불망이라는 한자 성어입니다. 처음 가졌던 마음을 잊지 않고 미래를 위해 최선을 다해 일한다는 뜻입니다. 즉 현재와 미래를 향한 끊임없는 노력과 성장을 의미합니다. 현대 사회의 빠르게 변화하는 환경 속에서도 초심을 잃지 않고 변화와 도전을 통해 더 나은 미래를 만들어 나가는 데 중요한 역할을 하는 가치 있는 한자 성어입니다.

〚 한자를 알면 뜻이 보인다 〛

初心不忘 : 처음[初]의 마음[心]을 잊지[忘] 않는다[不]
처음 가졌던 마음을 잊지 말고 새롭게 다잡고 미래를 준비해라.

## 初 : 처음 초, 7획 ──────────────── 부수: 刀

옷 의(衤)와 칼 도(刀)가 합하여 이루어진 모습으로, '처음'이나 '시작'이라는 뜻을 가진 글자이다. 옷감을 마름질하는 것은, 옷을 만들 때의 첫 번째 과정이라는 의미에서 '처음'이라는 뜻을 가지게 되었다.

> **초판(初版)** : 처음 초(初)와 책 판(版)으로, 처음 출간 된 책.
> (예문) 초판은 일주일도 안 되어 모두 판매가 되었다.

## 心 : 마음 심, 4획 ──────────────── 부수: 心

'마음'이나 '생각', '심장', '중앙'이라는 뜻을 가진 글자이다. 사람의 심장 모양을 본뜬 글자로, 고대에는 사람의 뇌에서 지각하는 모든 개념이 심장에서 나오는 것으로 인식했다.

> **결심(決心)** : 결단할 결(決)과 마음 심(心)으로, 어떻게 하기로 자신의 뜻을 확실히 정함.
> (예문) : 이제 게임은 그만하기로 결심하였다.

## 不 : 아닐 불, 4획 ──────────────── 부수: 一

땅속으로 뿌리를 내린 씨앗을 그린 것으로, 아직 싹을 틔우지 못한 상태라는 의미에서 '아니다'나 '못하다', '없다'라는 뜻을 갖게 되었다. 참고로 不자는 '부'나 '불' 두 가지 발음이 서로 혼용된다.

> **부덕(不德)** : 아닐 부(不)와 덕 덕(德)으로, 덕이 없거나 부족함.
> (예문) 나의 부덕함을 잘 알기에 대인관계에 있어 항상 조심한다.

## 忘 : 잊을 망, 7획 ──────────────── 부수: 心

망할 망(亡)과 마음 심(心)이 합하여 이루어진 모습으로, 심장이 망가져서 마음이 사라진다는 의미에서 '잊다', '상실하다'라는 뜻을 가진 글자가 되었다.

> **혼망(昏忘)** : 어두울 혼(昏)과 잊을 망(忘)으로, 정신이 흐릿하여 잘 잊어버림.
> (예문) 아버지 장례식을 치른 형석이는 삶의 의욕이 사라져 가끔 혼망을 겪기도 한다.

#초심

**초지일관(初志一貫)** : 처음에 세운 뜻을 이루려고 끝까지 밀고 나감.
〔예문〕 마음 다잡고 초지일관으로 공부에 전념해야 한다.

**반구십리(半九十里)** : 일을 끝마칠 때까지 초심을 잃지 않고 최선을 다함.
〔예문〕 신년사에서 반구십리의 각오로 경제 활력에 총력을 다해주기를 당부했다.

**귀어초심(歸於初心)** : 초심으로 돌아간다.
〔예문〕 해창아, 귀어초심하여 최선을 다하는 모습을 보여주거라.

〚 초심불망, 이럴 때 이렇게 〛

1. 민석아, 요즘 너무 나태해진 것 같다. 초심불망이란 말을 잊지 말았으면 좋겠다.

2. 인생사 초심불망을 유지하면 못 이룰 게 없는 것 같다.

3. 그녀는 여러 악조건 속에서도, 초심불망의 자세로 최선을 다하고 있다.

4. 요즘 경기가 좋지 않아 어려운 상황이지만, 초심불망의 자세로 위기를 벗어나자.

5. 이번에는 아쉽게 불합격했지만, 초심불망의 의지로 다시 한번 도전했으면
   좋겠어.

변화를 결심하여
새로운 시작과 행동이 필요할 때

자금위시

# 自今爲始

자금위시(自今爲始)는 지금부터 시작한다는 뜻으로, 새로운 목표를 설정하거나 새로운 시작을 하기 위해 지금 바로 행동하는 것을 의미합니다. 흔히 결심, 변화, 행동을 강하게 표현할 때 사용하는 말입니다. 스스로 결단하고 행동해야 목표를 이룰 수 있는 것처럼, 주저하거나 시간을 낭비하지 않고, 계획한 일이나 목표가 있다면 자신의 의지로 바로 시작하는 주도적인 실행력이 자금위시의 의미를 살리는 것이라 할 수 있습니다. 새로운 자신의 변화된 모습을 기대한다면 지금 바로 시작하는 것이 좋은 방법입니다. 작은 행동이라도 지금부터 바로 시작하면 큰 변화를 경험할 수 있을 것입니다.

〚  한자를 알면 뜻이 보인다  〛

自今爲始 : 스스로[自] 지금[今] 시작[始] 하다[爲]
바로 지금부터 시작한다는 뜻.

**自** : 스스로 자, 6획 ────────────────────────────────── 부수: **自**

사람의 코 모양을 본뜬 것으로, 자신을 가리키는 의미에서 '스스로'나 '몸소', '자기'라는
뜻을 갖게 되었다. 지금은 鼻(코 비)가 '코'라는 뜻을 대신해 쓰이고 있다.

> 자각(自覺) : 스스로 자(自)와 깨달을 각(覺)으로, 자기 상태 따위를 스스로 깨달음.
> (예문) 우선 자기 힘을 자각하는 것이 중요하다.

**今** : 이제 금, 4획 ────────────────────────────────── 부수: **人**

사람 인(人)과 하나 일(一)의 결합으로 원래 사람이 누워 있는 모습을 상징하는
상형문자였으나, 사람이 누워 있는 자세는 현재 시점을 상징하여 현재라는 시간적
개념을 표현하게 되어 '지금', '이제', '현재'의 의미로 쓰이고 있다.

> 금대(今代) : 이제 금(今)과 시대 대(代)로, 지금의 시대.
> (예문) 금대에 이르러 전통이 끊어질 위기에 놓여 있다.

**爲** : 할 위, 12획 ────────────────────────────────── 부수: **爫**

원숭이가 발톱을 쳐들고 할퀴려는 모습이라는 해석도 있지만 코끼리에게 무언가를
시킨다는 의미가 확대되면서 '~을 하다'나 ~을 위하다'라는 뜻을 갖게 되었다.

> 인위(人爲) : 사람 인(人)과 할 위(爲)로, 사람의 힘으로 함.
> (예문) 저는 생명을 인위적으로 연장하고 싶지는 않아요.

**始** : 시작할 시, 8획 ────────────────────────────────── 부수: **女**

여자를 나타내는 여(女)와 태아가 자라는 모습을 나타내는 태(台)가 합하여 이루어진
모습으로, 생명이 시작되는 것을 의미하여, '시작하다', 처음' '일찍이'라는 뜻을 가진
글자이다.

> 시조(始祖) : 처음 시(始)와 조상 조(祖)로, 한겨레의 가장 처음이 되는 조상
> (예문) 단군은 우리 민족의 시조로 알려져 있다.

#지금

**금석지감 (今昔之感)** : 지금과 옛날을 비교할 때 차이가 매우 심하여 느껴지는 감정
[예문] 예전에 살던 동네를 가보니 금석지감을 느낄 수 있었다.

**왕고내금 (往古來今)** : 예로부터 지금까지.
[예문] 전래동화는 왕고내금 변하지 않고 구전으로 내려오고 있는 이야기다.

**고금부동 (古今不同)** : 시대가 변하여 예와 지금이 같지 아니함.
[예문] 10년 만에 방문한 고향을 내려가 보니 절로 고금부동을 느낄 수 있었다.

〖　　자금위시, 이럴 때 이렇게　　〗

1. 성현아 괜찮아 늦지 않았어. 자금위시하면 성공할 수 있어.

2. 일을 차일피일 미룰 것이 아니라, 자금위시하여 바로 일정한 성과를 보여줘야
   한다.

3. 이 일은 매우 긴급한 일이니, 자금위시하여 처리하도록 하여라.

4. 오늘 할 일을 내일로 미루지 말고, 지금 바로 자금위시 해야만 한다.

5. 다이어트만 3년째 하고 있는 순이에게는 자금위시의 태도가 필요하다.

한번 시작한 일을
중도에 포기할 수 없는 상황에 놓였을 때

## 기호지세

# 騎虎之勢

기호지세(騎虎之勢)라는 말은 호랑이를 타고 달리는 형세라는 뜻으로 어떤 상황에서도 그만둘 수 없고 끝까지 나아가야 하는 상황을 표현할 때 사용하는 성어입니다. 즉 시작한 일을 도중에 멈추기 어렵고, 계속 진행하기 어려운 진퇴양난의 상황을 비유한 말입니다. 우리는 어떤 일을 하든 간에 시작은 굳은 마음으로 열의와 열정을 가지고 시작합니다. 그러나 여러 가지 변수가 생겨 중도에 포기하려는 마음이 생각을 지배할 수 있습니다. 그럴 때마다 기호지세라는 말을 곱씹어야 합니다. 호랑이처럼 처음에 마음먹었던 당당하고 늠름한 기세를 잊지 말고, 다시금 마음을 가다듬고, 기호지세의 정신으로 포기하지 않고 끝까지 밀고 나가 꿈을 성취하기를 바랍니다.

〚   한자를 알면 뜻이 보인다   〛

騎虎之勢 : 호랑이[虎]를 타고[騎] 달리는[之] 형세[勢]
이미 시작한 일을 중도에서 그만둘 수 없는 상황.

**騎** : 말 탈 기, 18획 ——————————————————— 부수: 馬

말 마(馬)와 기이할 기(奇)가 합하여 이루어진 모습으로, 말 위에 올라탄다는 의미에서 '타다', '걸터앉았다'라는 뜻을 가진 글자가 되었다.

> 기사(騎士) : 말 탈 기(騎)와 선비 사(士)로, 말을 탄 무사.
> [예문] 중세 기사들의 갑옷은 너무나 멋지다.

**虎** : 범 호, 8획 ——————————————————— 부수: 虍

'호랑이'나 '용맹스럽다'라는 뜻을 가진 글자로, 호랑이는 예나 지금이나 용맹함을 상징한다. 虎(범 호)가 쓰인 글자 대부분은 '용맹함'이나 '두려움'의 뜻을 가지고 있다.

> 비호(飛虎) : 날 비(飛)와 범 호(虎)로 나는 듯이 빨리 달리는 범.
> [예문] : 그는 비록 체구는 작지만 용맹스러운 비호 같았다.

**之** : 갈 지, 4획 ——————————————————— 부수: 丿

갑골문자를 보면 발을 뜻하는 止(발 지)가 그려져 있는데, 사람의 발을 그린 것으로 '가다'나 '~의', '~에'와 같은 뜻으로 쓰이는 글자이다.

> 궁여지책(窮餘之策) : 다할 궁(窮), 남을 여(餘), 갈 지(之), 꾀 책(策)으로 매우 궁한 나머지 내는 꾀.
> [예문] 그 계책은 위기에 내몰린 그가 생각해 낸 궁여지책이었다.

**勢** : 형세 세, 13획 ——————————————————— 부수: 力

심을 예(埶)와 힘 력(力)이 합하여 이루어진 모습으로, 힘을 가진 사람이나 집단을 의미하여 '형세'나 '권세', '기세'라는 뜻을 가진 글자가 되었다.

> 허세(虛勢) : 빌 허(虛)와 기세 세(勢)로, 실속 없이 과장되게 부풀린 기세.
> [예문] 김 과장이 떠는 허세도 이번 인사이동 결과만 나오면 끝이야.

## 〚 키워드로 보는 사자성어, 虎 〛

### #호랑이

**여호모피(與虎謨皮)** : 호랑이와 더불어 호랑이 가죽을 벗길 것을 꾀한다는 뜻.

예문 그들은 서로 주장하는 바가 달라 여호모피처럼 합의점을 찾지 못하고 있다.

**숙호충비(宿虎衝鼻)** : 자는 호랑이의 코를 찌른다는 뜻.

예문 공연히 이런 소리를 해서 숙호충비가 되지 않을까 걱정스럽다.

**담호호지(談虎虎至)** : 호랑이도 제 말을 하면 온다는 뜻.

예문 우리는 영수를 험담을 하고 있는데, 담호호지라더니 갑자기 영수가 문을 열고 방에 들어왔다.

## 〚 기호지세, 이럴 때 이렇게 〛

1. 성현아 괜찮아 늦지 않았어. 포기하지 말고 기호지세로 열심히 하면 성공할 수 있어.

2. 기호지세에 몰린 회사의 경영진들은 위기를 무사히 넘기기 위해 밤낮으로 일했다.

3. 그녀는 실패를 거울삼아 기호지세의 자세로 좋은 결과를 얻을 수 있었다.

4. 우리는 어려움에 직면해도 기호지세를 가지고 극복해야 한다.

5. 불리한 처지에서도, 기호지세의 정신으로 끝까지 몰아붙인 결과 경쟁에서 승리할 수 있었다.

시작은 좋으나
결과가 좋지 않을 때

용두사미

# 龍頭蛇尾

용두사미(龍頭蛇尾)는 용의 머리와 뱀의 꼬리를 뜻하는 말로, 처음에는 호기심 많고 열정적으로 시작하지만, 끝까지 제대로 마무리하지 못하는 모습을 표현할 때 사용하는 성어입니다. 마치 용의 머리처럼 위풍당당하게 시작했지만, 뱀처럼 초라하게 끝나는 모습을 비유하여 처음의 기대감과는 달리 실망스러운 결과를 얻는 경우를 뜻하는 말입니다. 누구나 계획을 세울 때는 굉장히 야심차게 목표를 설정하지만, 실제로 실행해 보니 목표 달성이 어려워지고 포기하는 상황을 경험할 때가 있습니다. 그럴 때일수록, 무엇을 시작하기 전에 현실적인 목표를 설정하고, 자기의 능력과 상황을 고려하여 끝까지 책임지고 완수해 나가는 자세가 필요할 것입니다.

〚    한자를 알면 뜻이 보인다    〛

龍頭蛇尾 : 머리[頭]는 용[龍] 꼬리[尾]는 뱀[蛇]
시작은 웅대하나 일의 마무리가 시원찮음.

龍 : 용 룡(용), 16획 ────────────────── 부수: 龍

용'이나 '임금'이라는 뜻을 가진 글자이다. 立(설 립)자나 月(달 월)자는 단순히 용의
모습을 한자화한 것일 뿐 글자가 가진 의미와는 아무 관계가 없다.

> **독룡(毒龍)** : 독 독(毒)과 용 룡(龍)으로, 독기를 품은 용.
> (예문) 그가 보여준 독룡의 힘은 모두를 놀라게 했다.

頭 : 머리 두, 16획 ────────────────── 부수: 頁

콩 두(豆)와 머리 혈(頁)이 합하여 이루어진 모습으로, '머리'나 '꼭대기', '처음'이라는
뜻을 가진 글자이다.

> **필두(筆頭)** : 붓 필(筆)과 머리 두(頭)로, 나열하여 이름을 적을 때 맨 처음의 사람이
> 나 단체.
> (예문) : 반장을 필두로 학급 전원이 이름을 적었다.

蛇 : 긴 뱀 사, 11획 ────────────────── 부수: 虫

벌레 충(虫)과 다를 타(它)가 합하여 이루어진 모습으로, '뱀'이라는 뜻을 가진 글자이다.

> **장사진(長蛇陣)** : 길 장(長), 뱀 사(蛇), 진칠 진(陣)으로, 많은 사람이 길게 줄을 선
> 모양을 이르는 말.
> (예문) 추석 승차권을 예매하느라 수많은 사람들이 장사진을 이루고 있었다.

尾 : 꼬리 미, 7획 ────────────────── 부수: 尸

주검 시(尸)와 털 모(毛)가 합하여 이루어진 모습으로, 사람이나 동물의 머리 아래에
있는 꼬리를 표현하여 '꼬리'나 '끝'이라는 뜻을 가진 글자가 되었다.

> **결미(結尾)** : 맺을 결(結)과 꼬리 미(尾)로, 글의 끝부분 또는 일의 마지막
> (예문) 경만이는 꼭 편지의 결미에 사랑한다고 적는다.

## #용 룡

**화룡점정(畫龍點睛)** : 일을 하는 데 가장 중요한 부분을 완성시킴.

예문 드레스에 작은 브로치가 화룡점정이 되어 전체적인 스타일을 완성시켰다.

**용사비등(龍蛇飛騰)** : 용이 살아 움직이는 것같이 아주 활기 있는 필력.

예문 그의 서예 작품을 보고 있으면, 용사비등의 필체를 느낄 수 있다.

**용호상박(龍虎相搏)** : 용과 범이 싸운다는 뜻으로 두 강자끼리의 싸움.

예문 결승전에서 맞붙은 두 선수의 경기는 실로 용호상박이었다.

〚　용두사미, 이럴 때 이렇게　〛

1. 그 영화는 시작부터 화려한 특수 효과와 액션으로 인상적이었지만, 결말이
   실망스러워 용두사미였다.

2. 이번 프로젝트는 완전 용두사미였어. 처음에는 다 잘될 것 같았는데, 결국에는
   아무것도 이루지 못하고 끝났지.

3. 새로운 운동을 시작했지만, 3일 만에 포기하고, 결국 용두사미로 끝나고 말았다.

4. 그 회사의 신제품은 시작부터 큰 화제가 되었으나, 사용 후기가 별로여서 결국
   용두사미로 남았다.

5. 김 박사는 이번 연구가 용두사미에 그치지 않도록 막바지에 박차를 가했다.

# 용기

## 용기는 행동하는 것이 아니라,
## 마음을 다해 살아가는 것이다

·

용기는 거대한 나무의 뿌리와 같습니다.
보이지 않는 곳에서 모든 역경을 견뎌내고,
그 위로 아름드리나무를 성장하게 합니다.
비바람과 폭풍이 몰아쳐도 그 뿌리는 흔들리지 않으며,
자신의 존재를 드러내지 않아도
그 힘은 언제나 굳건하게 존재합니다.
당신 안에 있는 용기도, 보이지 않는 곳에서 흔들리지 않고
성장할 수 있도록 존재하고 있음을 알아야 합니다.

두려워하지 않는 용기로
과감한 실행이 필요할 때

명목장담

# 明目張膽

명목장담(明目張膽)은 눈을 밝게 하고 담을 넓힌다는 뜻으로, 어떤 일을 할 때 분명한 태도로 대담하고 용기 있게 행동할 때 표현하는 성어입니다. 이 표현은 두 가시의 의미를 가시고 있습니다. 첫째, 명목(明目)은 눈을 밝게 뜨고 상황을 명확하게 파악한다는 뜻으로, 진실을 직시하고, 올바르게 판단하는 태도를 의미합니다. 둘째, 장담(張膽)은 담력을 펼친다는 뜻으로, 두려움을 극복하고 용기 있게 행동하는 것을 의미합니다. 결국 이 말의 메시지는 어떠한 어려운 상황에서도 명확하게 판단하여 용기 있게 행동하는 자세를 가져야 한다는 것입니다. 인생에서 맞닥뜨리는 다양한 도전과 역경 속에서도 명목장담의 의미를 생각하며, 주저하지 않고 용기 있는 행동으로 꿈을 이루기를 바랍니다.

[   한자를 알면 뜻이 보인다   ]

明目張膽 : 눈[目]을 밝게[明] 하고 담[膽]을 넓힌다[張]
두려워하지 않고 용기를 내어 행동함.

## 明 : 밝을 명, 8획 — 부수: 日

날 일(日)과 달 월(月)이 합하여 이루어진 모습으로, '밝다'나 '나타나다', '명료하다'라는 뜻을 가진 글자이다. 해와 달의 밝은 의미를 합해 '밝다'라는 뜻을 갖게 된 것이다.

**표명(表明)** : 겉 표(表)와 밝을 명(明)으로, 생각이나 태도를 명백히 밝힘.
[예문] 그 사안에 대해 다른 사람들보다 비교적 낙관적인 태도를 표명했다.

## 目 : 눈 목, 5획 — 부수: 目

사람 눈을 그린 것으로 갑골문자를 보면 사람의 눈과 눈동자가 잘 표현되어있다. '눈'이나 '시력', '안목'이라는 뜻을 가진 글자이다.

**목전(目前)** : 눈 목(目)과 앞 전(前)으로, 눈으로 볼 수 있는 아주 가까운 곳.
[예문] 그는 과장에서 부장으로의 승진을 목전에 두고 있다.

## 張 : 넓힐 장, 11획 — 부수: 弓

활 궁(弓)과 길 장(長)이 합하여 이루어진 모습으로, '베풀다'나 '넓히다'라는 뜻을 가진 글자이다. 長은 머리가 긴 노인을 그린 것으로 '길다'라는 의미를 지니고 있다. 활을 쏠 때는 시위를 길게 당겨야 하므로 자연스레 '넓히다'는 의미까지 쓰이고 있다.

**장발(長髮)** : 길 장(長)과 머리털 발(髮)로, 길이가 긴 머리카락.
[예문] 1970년대에는 남자들의 장발을 단속했다.

## 膽 : 쓸개 담, 17획 — 부수: 月

달 월(月)과 이를 첨(詹)이 합하여 이루어진 모습으로, '용기', '담력', '쓸개'의 의미를 가진 글자이다. 쓸개는 소화과정에서 중요한 역할을 하는 장기로, 건강과 생명의 상징으로 여겨졌으며, 따라서 담은 용기와 담력뿐만 아니라 건강, 생명력과 같은 의미로도 쓰인다.

**낙담(落膽)** : 떨어질 락(落)과 쓸개 담(膽)으로, 계획했던 일이 뜻대로 되지 않아 실망함.
[예문] 그는 이번 인사에서 배제되자 매우 낙담한 표정이었다.

#담력

**충간의담**(忠肝義膽) : 충성스러운 마음과 의롭고 담력이 있는 용기를 말함.

예문 적어도 너에게는 충간의담의 용기가 필요해.

**무장공자**(無腸公子) : 기개나 담력이 없는 사람을 놀림조로 이르는 말.

예문 형호는 너무 소심해 친구들에게 무장공자라는 말을 듣곤 한다.

**담대심소**(膽大心小) : 문장을 지을 때, 기개나 뜻은 크게 가지되
주의는 세심해야 한다는 말.

예문 글을 쓰고자 할 때는 담대심소한 마음으로 써야 좋은 문장이 만들어진다.

〚　　명목장담, 이럴 때 이렇게　　〛

1. 나야 명목장담을 백 번 발휘한다 해도, 그런 큰일을 맡기에는 적당치가 않아.

2. 무슨 일이든 명목장담을 발휘해야 좋은 결과를 얻을 수 있다.

3. 그녀는 일하기 두려울 법도 한데 명목장담의 자세로 최선을 다하고 있다.

4. 요즘 경기가 좋지 않아 어려운 상황이지만, 명목장담의 자세로 위기를
   벗어나자.

5. 시작하기 두렵고 초조할 때 명목장담을 잊지 말고 도전했으면 좋겠어.

어려운 상황에서도
용감하게 행동하는 사람을 표현할 때

용감무쌍

# 勇敢無雙

용감무쌍(勇敢無雙)은 용감하기가 짝이 없다는 뜻으로, 두려움을 모르는 용기나, 어려운 상황에서도 당당하게 행동하는 사람을 묘사할 때 표현되는 성어입니다. '용감(勇敢)'은 견줄 만한 두려움 없이 씩씩하게 행동하는 것을, '무쌍(無雙)'은 견줄 만 한 자가 없이 뛰어난 것을 뜻하는 말입니다. 즉 정의로운 목적을 위해 두려움 없이 옳은 일을 행하는 용기를 상징하기도 하며, 뛰어난 능력과 실력을 갖추고 있어 어떤 어려움에도 굴하지 않고 목표를 달성한다는 의미를 담고 있습니다. 용감무쌍은 자신의 능력과 자신감을 믿고, 어떤 도전에도 당당하게 맞서는 용기를 가져야 한다는 메시지와 함께 개인의 삶뿐만 아니라 더 나은 세상을 만드는데, 용기와 희망을 전해주는, 아름다운 한자 성어라 할 수 있습니다.

[ 한자를 알면 뜻이 보인다 ]

勇敢無雙 : 용감[勇][敢]하기가 짝[雙]이 없음[無]
다른 사람에 비할 데 없이 씩씩하고 용기가 있음.

**勇** : 날랠 용, 9획 ──────────────── 부수: 力

길 용(甬)과 힘 력(力)이 합하여 이루어진 모습으로, '날래다'나 '용감하다', '강하다'라는
뜻을 가진 글자이다. 주로 용감하고 담력 있는 사람이나 상황에 대처할 때 사용한다.

> **용퇴(勇退)** : 날랠 용(勇)과 물러날 퇴(退)로, 구차하게 연연하지 않고 선뜻 물러나다.
> (예문) 장관은 후진 양성을 위해 용퇴할 의사를 밝혔다.

**敢** : 감히 감, 12획 ──────────────── 부수: 攵

갑골문를 보면 맹수의 꼬리를 손으로 붙잡는 모습이 그려져 있는데, 이것은 용맹함을
표현한 것이다. 그러나 시간이 지나면서 '감히'나 '함부로'라는 뜻이 확대되었다.

> **감행(敢行)** : 감히 감(敢)과 갈 행(行)으로, 비난받을 만하더라도 과감하게 실행하다.
> (예문) 젊은이들은 실패를 무릅쓰고 모험을 감행하였다.

**無** : 없을 무, 12획 ──────────────── 부수: 灬

장작을 쌓은 위에 죽은 사람을 올려놓은 모양과 불 화(灬)가 합하여 죽은 사람을
장작 위에 올려놓고 화장하는 모습을 보고 만든 글자이다. '없다'나 '아니다', '~하지
않다'라는 뜻을 가진 의미로 쓰이고 있다.

> **무식(無識)** : 없을 무(無)와 알 식(識)으로, 지식이나 판단력이 부족함.
> (예문) 모르는 분야에 대해 함부로 왈가왈부하는 것은 무식한 행동이다.

**雙** : 두 쌍, 18획 ──────────────── 부수: 隹

또 우(又)와 새 추(隹)가 합하여 이루어진 모습으로, 두 마리 새를 손으로 들고 있는
모양에서 '쌍', '한 쌍', '짝수'라는 뜻을 가진 글자가 되었다.

> **쌍벽(雙璧)** : 두 쌍(雙)과 둥근 옥 벽(璧)으로, 우열을 가릴 수 없이 뛰어난 두 사람
> 이나 사물
> (예문) 이후 두 사람은 한국 액션계에서 쌍벽을 이루는 무술 감독이 되었다.

#### #용감함

**영용무쌍(英勇無雙)** : 영특하고 용감하기가 비길 데 없음.

예문 그의 영용무쌍은 온 나라에 알려졌다.

**혈성남자(血性男子)** : 혈기가 있어 죽기를 두려워하지 않는 남자.

예문 그는 참 애국하는 지자이며 혈성남자인 인물이었다.

**당랑거철(螳螂拒轍)** : 제 분수도 모르고 강자에게 반항함.

예문 자신보다 강한 사람에게 함부로 시비를 거는 것은 당랑거철과도 같다.


〚　용감무쌍, 이럴 때 이렇게　〛

1. 원래 잘 모르는 사람이 용감무쌍하게 일에 덤벼들기 마련이다.

2. 군인들은 용감무쌍하게 전투에 임했다.

3. 용감무쌍하게 싸웠지만, 결국 힘에 밀려 패배하고 말았다.

4. 형식아 너의 용감무쌍한 모습은, 정말 내가 본받아야 할 것 같다.

5. 영수는 덩치 큰 장정들을 보자, 평소에 용감무쌍하던 기상이 사라졌다.

어려움을 겪고 있는 사람에게
용기를 전해주고 싶을 때

전패비휴

# 顚沛匪虧

))———————————————((

전패비휴(顚沛匪虧)는 엎어지고, 자빠져도 이지러지지 않는다는 뜻으로, 어려운 일을 겪어도 쓰러지지 말고, 용기를 잃지 말라는 의미로 표현되는 한자 성어입니다. 생소한 단어라 생각되겠지만, 고통을 당하고 있는 사람에게는 희망과 용기를 주는 표현임은 분명합니다. 일을 추진하는 과정에서 마주하는 다양한 고통의 경험들은 당신을 더욱 강하고 견고한 사람으로 만들어 줄 것입니다. 지금 당신이 겪는 고통과 실패는 다음 단계를 도모할 때의 경험치가 되기도 합니다. 아무리 수많은 실패를 경험했다고 해도, 다시 재기할 수 있는 기반이 되기에 용기를 잃지 않고 끊임없이 도전해야 노력의 결실을 볼 수 있음을 알아야 합니다.

[    한자를 알면 뜻이 보인다    ]

顚沛匪虧 : 엎어지고[顚] 늪에[沛] 빠져도 이지러지지[虧] 않는다[匪]
어려운 일을 겪어도 쓰러지지 않으며 용기를 잃지 않아야 함.

**顚** : 정수리 전, 엎드러질 전, 19획 ──────────── 부수: 頁

머리 혈(頁)과 참 진(眞)이 합하여 이루어진 모습으로, '엎어지다', '뒤집히다'의 뜻을
가진 글자이다. 본래 '정수리'의 의미인데, 후에 '엎어지다'는 의미로 통용되고 있다.

> **전도차(顚倒車)** : 넘어질 전(顚)과 넘어질 도(倒), 수레 차(車)로, 넘어져서 뒤집힌 차.
> (예문) 구조대원들은 전도차에서 승객을 밖으로 끌어냈다.

**沛** : 늪 패, 7획 ──────────── 부수: 氵

삼수변 수(氵)와 저자 시(市)가 합하여 이루어진 모습이다. 비가 줄기차게 오는 모양을
본뜬 것으로, '쏟아지다', '내리다', '늪'의 뜻을 가진 글자이다.

> **패연(沛然)** : 비 쏟아질 패(沛)과 그럴 연(然)으로, 비가 세차게 쏟아지는 모양.
> (예문) 오늘 내리는 비는 패연과 같아 우산을 써도 아무 소용이 없었다.

**匪** : 비적 비, 나눌 분, 10획 ──────────── 부수: 匚

뜻을 나타내는 상자 방(匚)과 음(音)을 나타내는 非(비)가 합하여 이루어진 모습으로,
'도적'이나 '무법자', '나누다' '아니다'라는 뜻을 가진다. 여기서 비(非)가 포함된 이유는
도적은 일반적인 도덕적 규범을 따르지 않는다는 것을 상징한다.

> **비궁(匪躬)** : 비적 비(匪)와 몸 궁(躬)으로, 제 몸을 돌보지 않고 나라에 충성을 다함.
> (예문) 국가 유공자들은 나라를 위해 비궁의 삶을 살았기에 예우를 다해야 한다.

**虧** : 이지러질 휴, 17획 ──────────── 부수: 虍

새 이름 호(雐)와 땅 이름 울(丂)이 합하여 이루어진 모습으로, '이지러지다', '부족하다'
라는 뜻을 가진 글자이다. 주로 달이 이지러지거나, 어떤 것이 결여되거나 부족한
상태를 표현할 때 쓰인다.

> **초휴(初虧)** : 처음 초(初)와 이지러질 휴(虧)로, 일식이나 월식 때 해와 달이 이지러
> 지기 시작하는 때.
> (예문) 오늘 뉴스에서는 초휴 현상이 일어나 화제가 되고 있다.

#고난

**천고만난(千苦萬難)** : 천 가지의 괴로움과 만 가지의 어려움.
예문 그의 얼굴에는 천고만난이 가득 차 있었다.

**산전수전(山戰水戰)** : 세상의 온갖 고생과 어려움을 다 겪었음을 이르는 말.
예문 그는 산전수전을 다 겪어 지금의 어려움을 쉽게 이겨나갈 수 있었다.

**백고천난(百苦千難)** : 백 가지의 고통과 천 가지의 어려움이라는 뜻.
예문 그가 지금 겪고 있는 고통과 어려움은 백고천난이라고 표현할 만큼 위기 상황이다.

〖　　전패비휴, 이럴 때 이렇게　　〗

1. 회사는 전패비휴의 정신으로 모든 경영난을 극복하고 결국 시장에서 선두를 지켜왔습니다.

2. 그 그림은 전패비휴의 자세를 보여주는 동시에 도화지 안에서 그 자체의 아름다움과 정열을 표현했습니다.

3. 그녀는 올해 사업의 매출액이 급감했지만, 전패비휴의 마음가짐으로 내년을 준비하고 있다.

4. 성은이는 지난 5년간 전패비휴의 각오로 공부한 결과, 공인회계사 시험에 합격하였다.

5. 삶에 역경이 닥쳤을 때마다 전패비휴의 마음으로 숱한 시련을 극복했던 그는 결국, 한국에서 가장 유명한 경영인이 되었다.

목표를 향해 용감하게
앞으로 나아가라고 표현할 때

용왕매진

# 勇往邁進

용왕매진(勇往邁進)은 용감하게 앞으로 멀리 전진한다는 뜻으로, 두려워하지 않고 용감하게 앞으로 나아가는 모습을 표현하는 성어입니다. 즉 어떠한 두려움이나 장애물에 굴하지 않고 꾸준히 목표를 향해 전진하라는 의미입니다. 구체적인 역사적 사건이나 특정 고사에서 유래한 것은 아니지만, 널리 사용되는 관용어로, 용기와 결단을 강조하는 데 자주 쓰입니다. 용왕매진은 많은 사람에게 어려움에 직면했을 때나, 위기에 봉착되었을 때, 결단력과 용기를 가지고 목표를 향해 끈기 있게 전진하라는 희망의 메시지로 표현이 된다면 개인의 성장과 발전뿐만 아니라, 사회발전에도 중요한 가치를 주는 의미 있는 한자 성어라 할 수 있습니다.

〖　　한자를 알면 뜻이 보인다　　〗

勇往邁進 : 용감[勇]하게 앞으로[往] 멀리[邁] 전진[進]하다
두려워하지 않고 용감하게 앞으로 나아가라.

**勇** : 날랠 용, 9획 ─────────────────────────── 부수: 力

힘을 상징하는 것으로 길 용(甬)과 힘 력(力)이 합쳐진 모습이며, '날래다'나 '용감하다', '강하다'라는 뜻을 가진 글자이다. 주로 용감하고 담력 있는 사람이나 상황에 대처할 때 사용한다.

> **만용(蠻勇)** : 오랑캐 만(蠻)과 날랠 용(勇)으로, 사리를 분별하지 않고 함부로 날뛰는 용기.
>
> 예문 그녀는 내가 만용이나 부릴 위인이 아니라는 것을 이미 간파하고 있다.

**往** : 갈 왕, 8획 ─────────────────────────── 부수: 彳

조금 걸을 척(彳)과 주인 주(主)가 합하여 이루어진 모습으로, '가다'나 '향하다'라는 뜻을 가진 글자이다. 왕(往)은 이동이나 어떤 방향으로 나아가는 동작을 표현할 때 사용된다.

> **왕진(往診)** : 갈 왕(往)과 볼 진(診)으로, 의사가 환자가 있는 곳에 가서 진찰함.
>
> 예문 문 의사는 다급한 환자가 있으면 한밤중에라도 왕진을 나섰다.

**邁** : 멀리 갈 매, 16획 ─────────────────────────── 부수: 辶

쉬엄쉬엄 갈 착(辶)과 일만 만(萬)이 합하여 이루어진 모습으로, '멀리 가다', '지나다'라는 뜻을 가진 글자이다. '만(萬)'은 숫자를 의미하지만, 여기서는 발음 '매'를 뜻한다.

> **매덕(邁德)** : 갈 매(邁)와 덕 덕(德)으로, 뛰어나게 착하고 어진 행실.
>
> 예문 그녀가 선행상을 받았던 이유는 매덕의 삶을 실천했기 때문이었다.

**進** : 나아갈 진, 12획 ─────────────────────────── 부수: 辶

쉬엄쉬엄 갈 착(辶)과 새 추(隹)가 합쳐진 모습이며, 앞으로 나아가는 발을 의미하여 '나아가다', '진보하다', '발전하다', '오르다'라는 뜻을 가진 글자이다.

> **진척(進陟)** : 나아갈 진(進)과 오를 척(陟)으로, 계획한 방향으로 이루어져 나아감.
>
> 예문 제대로 일을 진척하지 못한 책임을 물어 관련자들을 경질했다.

## #나아감

**직왕매진(直往邁進)** : 주저하지 아니하고 곧장 힘차게 나아감.

예문 그는 어떤 어려움에도 흔들리지 않고 직왕매진 하였다.

**전심치지(專心致之)** : 오직 한마음을 가지고 한길로만 나아감.

예문 그는 전심치지의 노력으로 회사를 창업할 수 있었다.

**장구대진(長驅大進)** : 멀리 몰아서 단번에 거침없이 나아감.

예문 성호는 이것저것 따지지도 않고 장구대진하여 성공할 수 있었다.

[[    용왕매진, 이럴 때 이렇게    ]]

1. 회사는 용왕매진의 정신으로 어려운 상황을 극복하고 시장에서 선두를 지킬 수 있었다.

2. 그가 그 일에 용왕매진할 수 있도록 응원하는 것이 우선인 것 같다.

3. 용왕매진의 마음가짐으로 이 상황을 극복할 수 있다면, 너의 새로운 모습을 발견하게 될 것이다.

4. 요즘 취업하기 힘든 청년들에게 용왕매진의 정신을 주제로 강의하기로 했다.

5. 용왕매진의 마음으로 숱한 시련을 극복하면, 결국 세상을 바꿀 힘을 얻게 됩니다.

남을 압도할 만큼의
용기를 가지고 있음을 표현할 때

### 겸인지용

# 兼人之勇

겸인지용(兼人之勇)은 여러 사람을 겸할 수 있는 용기라는 뜻으로, 한 사람의 용기가 여러 사람의 용기보다 뛰어남을 표현할 때 사용하는 말입니다. 즉 한 사람의 용기가 여러 사람을 합친 용기보다 강하다는 뜻입니다. 남을 압도할 만큼 뛰어난 겸인지용을 가지려면 자기 자신에 대한 확신과 자신감이 필요합니다. 상황이 어려울 때 이겨낼 수 있는 긍정적 용기와 여러 사람을 대신해 앞장서서 행동하는 책임감 있는 용기는 바로 자신감에서 오는 자기 확신과 자기 신뢰이기 때문입니다. 일상에서 지치고 힘들 때 겸인지용의 의미를 생각하며, 자신에게 응원의 메시지가 되기를 바랍니다.

[[  한자를 알면 뜻이 보인다  ]]

兼人之勇 : 여러 사람[人]을 겸할[兼] 수 있는[之] 용기[勇]
혼자서 능히 몇 사람을 당해 낼 만한 용기.

兼 : 겸할 겸, 10획 ──────────────────── 부수: 八

두 개의 벼 화(禾)와 또 우(又)가 합하여 이루어진 모습으로, 두 포기의 벼를 쥐고 있는 모양에 '겸하다'나 '아우르다', '포용하다'라는 뜻을 가진 글자이다.

겸상(兼床) : 겸할 겸(兼)과 평상 상(床)으로, 함께 음식을 먹을 수 있도록 차린 상.
(예문) 조문객들은 두셋이 모여 겸상하거나 아니면 독상으로 음식을 먹고 있었다.

人 : 사람 인, 2획 ──────────────────── 부수: 人

한자에서 가장 많이 쓰이는 글자이며, '사람'이나 '인간'이라는 뜻을 가진 글자이다.

인류(人類) : 사람 인(人)과 무리 류(類)로, 사람을 다른 동물과 구별하는 말. 인간.
(예문) 그는 인류 역사가 어떤 진보된 방향으로 전진한다는 믿음을 가지고 있다.

之 : 갈 지, 4획 ──────────────────── 부수: 丿

갑골문자를 보면 발을 뜻하는 발 지(止)가 그려져 있는데, 사람의 발을 그린 것으로 '가다'나 '~의', '~에'와 같은 뜻으로 쓰이는 글자이다.

거지반(居之半) : 있을 거(居)와 갈 지(之), 반 반(半)으로, 거의 절반을 말함.
(예문) 집안 식구가 거지반 다 마당 멍석자리로 모여들었다.

勇 : 날랠 용, 9획 ──────────────────── 부수: 力

길 용(甬)과 힘 력(力)이 합하여 이루어진 모습으로, '날래다'나 '용감하다', '강하다'라는 뜻을 가진 글자이다. 주로 용감하고 담력 있는 사람이나 상황에 대처할 때 사용한다.

무용담(武勇談) : 호반 무(武)와 날랠 용(勇), 말씀 담(談)으로, 용감하게 활약하여 군사상의 공적을 세운 이야기.
(예문) 그들의 무용담을 들으면서 나는 슬그머니 흥분되는 것을 느꼈다.

## #혼자 (홀로)

**자수성가**(自手成家) : 자기 혼자의 힘으로 집안을 일으키고 재산을 모음.

〔예문〕 그는 어려운 환경에서도 자수성가한 인물로 손꼽힌다.

**영정고고**(零丁孤苦) : 혼자서 괴로움을 당하는 어려운 처지를 이르는 말.

〔예문〕 그녀는 영정고고한 상황에서도 강한 의지로 어려움을 이겨낼 수 있었다.

**독수공방**(獨守空房) : 혼자서 지내는 것 또는 아내가 남편 없이 혼자 지내는 것

〔예문〕 성호는 독수공방하며 많은 시간을 보내고 있다.


〖 겸인지용, 이럴 때 이렇게 〗


1. 형욱이의 겸인지용한 행동이 우리 조직에 큰 영향을 주고 있다.

2. 계속된 실패에도 불구하고, 종빈이는 겸인지용의 의지로 다시 일어났다.

3. 우리는 어려운 상황에서도 겸인지용을 발휘하여 해결책을 찾고자 노력했다.

4. 그의 겸인지용은 마치 옛날의 용사들을 떠오르게 만들었다.

5. 슬비는 엄청난 어려움 앞에서도 겸인지용을 보여주며 스스로 해결하고자
   노력했다.

실패를 거울삼아
다시 일어서려는 사람에게 필요한 말


권토중래

# 捲土重來


권토중래(捲土重來)는 흙먼지를 일으키며 다시 온다는 뜻으로, 말이 달릴 때 일으키는 흙먼지를 걷어 올리는 것을 비유하여, 힘차게 다시 일어나는 모습을 표현한 것입니다. 즉 실패나 패배를 교훈 삼아 다시금 용기를 내어 도전하는 상황을 표현할 때 사용하는 말입니다. 인생에서 실패는 누구에게나 있을 수 있지만, 중요한 것은 그 실패에 굴복하지 않고 다시 일어서는 용기입니다. '용기란 두려움이 없는 것이 아니라, 두려움을 느끼면서도 행동하는 것이다'라는 말이 있듯이 실패에서 얻은 경험과 교훈을 바탕으로, 어떤 어려움에도 좌절하지 않고 용기를 가지고 다시 도전하여 꿈을 이루며 성공의 삶을 살아가기 응원합니다.


[    한자를 알면 뜻이 보인다    ]


捲土重來 : 흙[土]먼지를 날리며[捲] 다시[重] 온다[來]
어떤 일에 실패한 뒤 힘을 길러 다시 그 일을 시작함.

## 捲 : 거둘 권, 11획 — 부수: 扌

손 수(扌)와 책 권(卷)이 합하여 이루어진 모습이다. 펼쳐진 것을 손으로 잡아서 말아 모으는 행위로, '거두다', '돌돌 감아 말다'의 뜻을 가진 글자이다.

> **권설(捲舌)** : 거둘 권(捲)과 혀 설(舌)로, 혀를 만다는 뜻으로 놀라서 칭찬함을 뜻함.
> (예문) 곡예단의 아찔한 공연에 관객들은 놀라워서 권설만 하고 있었다.

## 土 : 흙 토, 3획 — 부수: 土

土의 갑골문자를 보면 평지 위로 둥근 것이 올라 온 모습이 그려져 있는데, 이것은 흙을 표현한 것이며, '흙'이나 '토양', '땅', '장소'라는 뜻을 가진 글자이다.

> **토대(土臺)** : 흙 토(土)와 대 대(臺)로, 사물이나 사업의 밑바탕이 되는 기초나 밑천.
> (예문) 다음은 여론 조사 결과를 토대로 후보자들의 득표율을 추정한 것입니다.

## 重 : 무거울 중, 9획 — 부수: 里

東(동녘 동)과 人(사람 인)이 합하여 이루어진 모습으로, 사람이 짐을 메고 가는 모양에서 '무겁다'나 '소중하다'라는 뜻을 가진 글자이다. 里(리)가 부수이지만 '마을'과는 아무 관계가 없다.

> **편중(偏重)** : 치우칠 편(偏)과 무거울 중(重)으로, 한쪽으로 치우침.
> (예문) 그는 부의 편중과 불평등한 사회 제도에 대해 불만이 많은 사람이다.

## 來 : 올 래, 8획 — 부수: 人

人(사람 인)이 부수로 지정되어 있지만 '사람'과는 아무 관계가 없으며, '오다'나 '돌아오다', '앞으로'라는 뜻을 가진 글자이다.

> **도래(到來)** : 이를 도(到)와 올 래(來)로, 어떤 기회나 시기가 닥쳐옴.
> (예문) 그는 새로운 시대가 도래하고 있음을 예언했다.

#실패

**도처낭패(到處狼狽)** : 하는 일마다 실패함.

예문 성호는 늘 최선을 다하지만 도처낭패하기에 걱정이 많다.

**전패위공(轉敗爲功)** : 실패를 거울삼아 성공하는 계기가 됨.

예문 그는 사업에 실패했지만, 작가의 길을 선택해 전패위공의 본보기가 되었다.

**전거복철(前車覆轍)** : 앞의 실패를 본보기 삼아 주의함을 이르는 말.

예문 현명한 사람은 타인의 과오를 전거복철로 삼아 자신을 위태롭게 하지 않는다.

〚 　 권토중래, 이럴 때 이렇게 　 〛

1. 이번에 시장으로 당선된 사람은 구청장을 지낸 경험을 바탕으로 3년 만에 권토중래했다.

2. 이번 시험에서는 좋은 성적을 거두지 못했지만, 권토중래하여 다음 시험에는 반드시 성공하겠다.

3. 배우들은 작품의 부진을 받아들이고 권토중래하여 다음 작품에 더 열심히 노력했다.

4. 지독한 슬럼프에 빠졌다고 해도 한번 믿음을 준 선수는 권토중래할 기회가 주어지게 마련이다.

5. 그는 입사 시험에서 낙방한 뒤 권토중래의 마음으로 외국어 학원에 등록했다.

# 위기

위기를 극복한다면
그것은 인생의 깊이를 만들어가는 것이다.

·

위기는 마치 오래된 건물을 다시 세우는 것과 같습니다.
무너진 낡은 건물 대신, 더욱 아름답고 튼튼한 건물을 세우듯이,
당신의 낡은 위기의 순간들이 무너져야,
새로운 토대 위에 성공한 인생 건물을 세울 수 있습니다.
당신을 믿습니다. 당신은 분명히 위기를 극복하고
인생의 깊이를 경험하는 사람이 되어있을 것이라고...

위기 속에서
힘든 시간을 보내는 사람에게
전해주고 싶은 말

전화위복

# 轉禍爲福

전화위복(轉禍爲福)은 재앙이 바뀌어 오히려 복이 된다는 뜻으로 어려움이나 불행한 상황이 오히려 좋은 결과로 이어질 수 있다는 표현으로 사용되는 말입니다. 세상일은 일 수 없습니다. 오늘 일어난 나쁜 일이 복을 불러올 수도 있고, 오늘 일어난 좋은 일이 나쁜 일을 불러올 수도 있습니다. 그래서 우리는 매사에 일희일비하지 않고 평정심을 유지할 필요가 있습니다.

재앙이나 불행이 새로운 기회로 찾아올 수 있음을 깨닫고 어려운 상황에서도 희망을 잃지 않고 노력하는 것이 중요합니다. 오늘 당신에게 좋지 않은 일이 생기거나 계속되는 일의 실패로 낙심하고 있다면 전화위복이라는 성어를 곱씹으며 용기와 희망의 끈을 놓지 않기를 바랍니다.

[ 한자를 알면 뜻이 보인다 ]

轉禍爲福 : 화[禍]가 바뀌어[轉] 오히려 복[福]이 된다[爲]
좋지 않은 일이 계기가 되어 오히려 좋은 일이 생김.

**轉** : 구를 전, 18획 ─────────────────────── 부수: 車

수레 거(車)와 오로지 전(專)이 합하여 이루어진 모습으로, 수레의 바퀴가 빙빙 도는 것에서 '회전하다'라는 뜻을 가진 글자가 되었다.

**전향(轉向)** : 돌릴 전(轉)과 향할 향(向)으로, 신념이나 사상 따위를 다른 것으로 바꿈.
예문 그는 역도선수에서 돌연 씨름 선수로 전향하여 더욱 이름을 알렸다.

**禍** : 재앙 화, 14획 ─────────────────────── 부수: 示

보일 시(示)와 화할 화(咼)가 합쳐진 모습으로, '재앙'이나 '화를 입다'라는 뜻을 가진 글자이다. 示는 초인간적인 하늘을 상징하고, 咼는 '骨(뼈 골)'의 변형으로 잔해만 남았다는 의미에서 '재앙'의 뜻으로 생성되었다.

**화근(禍根)** : 재앙 화(禍)와 뿌리 근(根)으로, 재앙을 일으키는 근본 원인.
예문 그와 만나고 싶지 않았는데 친구를 따라 나갔던 게 화근이었어.

**爲** : 할 위, 12획 ─────────────────────── 부수: 爫

원숭이가 발톱을 쳐들고 할퀴려는 모습이라는 해석도 있지만 코끼리에게 무언가를 시킨다는 의미가 확대되면서 '~을 하다'나 ~을 위하다'라는 뜻을 갖게 되었다.

**당위성(當爲性)** : 마땅할 당(當)과 할 위(爲), 성품 성(性)으로, 마땅히 해야 하거나 마땅히 있어야 할 성질
예문 이번 정책은 국민의 삶을 개선하기 위한 정당성을 가지고 있다.

**福** : 복 복, 13획 ─────────────────────── 부수: 示

보일 시(示)와 가득할 복(畐)이 합하여 이루어진 모습으로, 신에게 술 단지 같은 제물을 바치는 모양에서 '복'이나 '행복'이라는 뜻을 가진 글자가 되었다.

**음복(飮福)** : 마실 음(飮)과 복 복(福)으로, 제사를 지내고 난 뒤에 술이나 음식을 나누어 먹음.
예문 기용이는 음복으로 마신 생술 몇 잔 때문에 하루 종일 머리가 아팠다.

#재앙

**양화구복**(禳禍求福) : 재앙을 물리치고 복을 구함.
예문 그는 힘든 상황에서도 양화구복하는 심정으로 최선을 다하고 있다.

**자취기화**(自取其禍) : 자기에게 재앙이 되는 일을 함. 또는 그 일로 화를 입게 됨.
예문 그녀는 친구들이 하지 말라고 했음에도 고집을 부려 자취기화가 되어 버렸다.

**복선화음**(福善禍淫) : 착한 사람에게는 복을 주고 악한 사람에게는 재앙을 줌.
예문 흥부와 놀부는 복선화음 이야기의 전형적인 구조를 잘 보여준다.

〖  전화위복, 이럴 때 이렇게  〗

1. 그의 회사가 부도 위기를 겪었을 때, 그는 그것을 전화위복의 기회로 삼아 새로운 사업을 성공시켰다.

2. 이번 회담의 결과가 부담되기도 하지만 이를 전화위복의 계기로 삼아야 할 것입니다.

3. 그 투자자는 경제 위기를 전화위복하여 큰돈을 벌어들였다.

4. 그는 실직한 것을 전화위복하여 스스로 창업하고 성공한 사업가가 되었다.

5. 개혁의 본보기로 삼는다면 이번 사태는 전화위복이 될 수도 있다.

어려움을 겪어 포기하려는 사람에게
희망을 말해주고 싶을 때

새옹지마

# 塞翁之馬

새옹지마(塞翁之馬)는 인생의 길흉화복은 변화가 많아 예측하기 어렵다는 뜻으로, 좋은 일이 나쁜 일로 변하고, 나쁜 일이 좋은 일로 변할 수 있다는 세상의 무상함과 변화무쌍함을 표현할 때 사용하는 말입니다. 인생의 불확실성으로 인해 불안해하거나, 성공과 실패를 반복하는 사람이거나, 예기치 않는 위기로 인해 힘들어하는 사람들에게, 위로와 희망의 말로 표현될 수 있는 성어입니다. 우리는 언제든지 예상치 못한 상황에 직면할 수 있습니다. 그럴 때일수록 인생의 변화무쌍함을 이해하고 좋거나 나쁜 일이 어떻게 변할지 모른다는 사실을 받아드리고, 일희일비하지 않는 겸손한 마음을 가져야 합니다. 매순간 긍정적인 생각으로 미래를 대비하고 위기가 찾아와도 용기와 희망을 잃지 않기를 바라는 마음입니다.

[ 한자를 알면 뜻이 보인다 ]

塞翁之馬 : 변방[塞]에 사는 늙은이[翁]의[之] 말[馬]
인생의 길흉화복은 변화가 많아 예측하기 어렵다는 뜻.

塞 : 변방 새, 13획 ──────────────────────────── 부수: 土

틈 하(宲), 흙 토(土)가 합하여 이루어진 모습으로 '변방'이나 '요새', '보루'라는 뜻을 가진 글자이다. 집처럼 생긴 상자 안에 죽간(竹簡 : 문자를 기록하던 대나무 조각)을 넣고 있는 모습이 그려져 있다.

**북새풍(北塞風)** : 북녘 북(北)과 변방 새(塞), 바람 풍(風)으로, 북쪽에서 불어오는 찬바람.

예문 해가 뚝 떨어지며 북새풍이 슬슬 불더니 검은 구름이 몰려온다.


翁 : 늙은이 옹, 10획 ──────────────────────────── 부수: 羽

공평할 공(公)과 깃 우(羽)가 합하여 이루어진 모습으로, 새의 목에 난 깃털의 의미인데, 장식을 한 높은 아버지나 노인의 존칭으로 '늙은이'나 '어르신'이라는 뜻을 가진 글자가 되었다.

**노옹(老翁)** : 늙을 로(老)와 늙은이 옹(翁)으로, 늙은 남자.

예문 멀리 소나무 밑에서 흰 수염이 난 노옹 두 분이 장기를 두고 있었다.


之 : 갈 지, 4획 ──────────────────────────── 부수: 之

갑골문자를 보면 발을 뜻하는 발 지(止)가 그려져 있는데, 사람의 발을 그린 것으로 '가다'나 '~의', '~에'와 같은 뜻으로 쓰이는 글자이다.

**애지중지(愛之重之)** : 사랑 애(愛)와 갈 지(之), 무거울 중(重)으로, 매우 사랑하고 소중히 여기는 모양을 나타냄.

예문 우리는 그 아이를 온 정성을 다해서 애지중지 길러 왔습니다.


馬 : 말 마, 10획 ──────────────────────────── 부수: 馬

'말'의 모양을 본뜬 모습으로, 갑골문을 보면 말의 특징을 표현하기 위해 큰 눈과 갈기가 함께 그려져 있다.

**주마등(走馬燈)** : 달릴 주(走)와 말 마(馬), 등불 등(燈)으로, 무엇이 빨리 지나감을 비유.

예문 지난 10년의 풍상이 주마등처럼 눈앞을 스쳐 갔다.

**#늙은이**

창안백발(蒼顏白髮) : 늙은이의 쇠한 얼굴빛과 흰 머리털.

예문 오랜만에 찾아뵙고 인사드렸는데 창안백발이 된 모습에 세월의 빠름을 느꼈다.

백수지심(白首之心) : 늙은이의 마음.

예문 백수지심은 옛 선인들의 삶의 지혜를 엿 볼 수 있는 마음이다.

계피학발(鷄皮鶴髮) : 피부는 닭의 살갗 같고 머리털은 학처럼 희다는 뜻으로,
늙은이를 이르는 말.

예문 그분은 뼈마디가 앙상한 계피학발의 노인이 되었다.


〚　새옹지마, 이럴 때 이렇게　〛

1. 경제 위기가 닥쳤지만, 새옹지마라는 생각으로 기회를 잡아 투자에 성공했다.

2. 인간 만사는 새옹지마라더니, 지난날 기쁨을 주었던 황금이 오늘날 내게 재앙이
될 줄이야!

3. 새옹지마라는 말이 있듯이, 지금의 어려움이 언젠가는 기회로 다가올 수 있으니
최선을 다하자.

4. 인간만사 새옹지마라더니 일이 이렇게 풀리는구나.

5. 새옹지마를 기억하고, 지금 너에게 어려운 일이 있어도 좌절하지 않고 계속
힘내기를 바랄게.

누구에게 도움받기가 어려운 상황을
표현하고 싶을 때

## 사면초가

# 四面楚歌

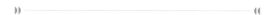

사면초가(四面楚歌)는 사방에서 초나라 노래가 들린다는 뜻이지만, 사방이 적으로 둘러싸여 매우 곤란한 상황을 가리킵니다. 즉 어떤 문제나 위기에서 벗어날 수 있는 길이 전혀 없는 절망적인 상태를 표현할 때 사용되는 말입니다. 사면초가는 초나라의 장수 항우와 한나라의 장수 유방 간의 전쟁에 관한 이야기로 항우가 결국 유방에게 패하여 완전히 고립되는 상황에서 유래된 성어입니다. 이는 어려운 상황에서 아무에게도 도움을 받지 못하는 사람은, 세상을 탓하기 전에 스스로 돌아보는 것이 중요하다는 가르침입니다. 우리는 인생에 어려움에 봉착할 때가 있지만, 그런 상황에서도 다른 사람을 이해하고 도움을 주는 것이 중요하다는 것을 알아야 합니다. 그렇게 함으로써 자신도 어려움을 극복하는 데 도움이 될 것이며, 적어도 사면초가의 상황을 피할 수 있을 것입니다.

[ 　 한자를 알면 뜻이 보인다 　 ]

四面楚歌 : 사방[四][面]에서 들리는 초[楚]나라의 노래[歌]
아무에게도 도움이나 지지를 받을 수 없는 고립된 상태에 처하게 된 상황.

四 : 넉 사, 5획 ——————————————————— 부수: 囗

긴 막대기 네 개를 그린 亖자를 본뜬 것으로, 숫자 '넷'을 뜻하는 글자이다.

> **사지(四肢) : 넉 사(四)와 팔다리 지(肢)로, 두 팔과 두 다리를 아울러 이르는 말.**
> (예문) 종일 짐을 나르고 작업을 했더니 사지가 저려서 죽을 맛이었다.

面 : 낯 면, 9획 ——————————————————— 부수: 面

갑골문을 보면 길쭉한 타원형 안에 하나의 눈만이 그려져 있다. 사람의 얼굴을 표현한 것으로, 단순히 '얼굴'만을 뜻하지는 않는다. 사람의 얼굴에서 비롯되는 '표정'이나 '겉모습'이라는 뜻으로도 쓰인다.

> **체면(體面) : 몸 체(體)와 낯 면(面)으로, 다른 사람과의 관계에서 떳떳할 만한 입장 이나 처지.**
> (예문) 의견에 반대할 일이 있더라도, 최소한의 체면은 지켜주는 것이 예의다.

楚 : 초나라 초, 13획 ——————————————————— 부수: 木

수풀 림(林)과 짝 필(疋)이 합하여 이루어진 모습이다. 옛 모양은 도끼로 작은 나무를 베고 있는 모양이었으며, '가시나무', '회초리'의 뜻을 가진 글자이다.

> **고초(苦楚) : 쓸 고(苦)과 회초리 초(楚)로, 심한 어려움과 괴로움.**
> (예문) 아버지께서는 정치적인 문제로 도피 생활하시며, 고초를 겪으셨어요.

歌 : 노래 가, 14획 ——————————————————— 부수: 歌

哥(노래 가)와 欠(하품 흠)이 합하여 이루어진 모습이다. 可(가)는 발음이면서 소리를 낸다는 의미까지 포함하고, 欠(흠)은 입을 벌린다는 의미로 '노래하다', '읊다'는 뜻으로 쓰이는 글자이다.

> **가무(歌舞) : 노래 가(歌)와 춤출 무(舞)로, 노래와 춤을 아울러 이르는 말.**
> (예문) 그녀는 어여쁜 자태와 능란한 가무로 많은 장부의 간장을 녹였다.

#고립

**고립무의(孤立無依)** : 고립되어 의지할 데가 없음.

[예문] 그는 힘든 상황에 고립무의가 되어 한탄하였다.

**고립지세(孤立之勢)** : 외롭고 의지할 데 없는 형세.

[예문] 남을 함부로 깔보는 사람은, 정작 도움이 필요할 때 고립지세가 되고 만다.

**고립무원(孤立無援)** : 고립되어 구원을 받을 데가 없음.

[예문] 영수는 정작 도움이 필요할 때 고립무원이 되어 혼자 힘으로 해결해야 했다.

〖    사면초가, 이럴 때 이렇게    〗

1. 그는 회사의 내부 정치에 휘말려 사면초가의 위기에 처하였다.

2. 대통령은 부적절한 발언으로 여야의 지탄을 받아 사면초가에 빠졌다.

3. 영수는 전 재산을 도박에 탕진하여, 사면초가의 위기에 빠졌다.

4. 적군의 포위망이 좁혀지면서 우리는 사면초가의 상태에 처하게 되었다.

5. 야당과 정부 내의 총리 퇴진 압력으로 총리는 사면초가의 위기에 놓였다.

위기에 또 다른 위기가 겹쳐
더욱 어려워지는 상황을 표현할 때

### 설상가상
# 雪上加霜

설상가상(雪上加霜)은 이미 어려운 상황에 놓여 있는 사람에게 더욱 큰 어려움이 겹쳐 어려워지는 상황을 표현하는 말입니다. 일을 처리하던 중 문제가 생겨 해결하려 하지만, 그와 별개로, 또 다른 문제가 동시에 발생할 때의 상황을 설상가상이라고 표현합니다. 살아가다 보면, 어려운 일들이 한꺼번에 닥쳐올 때가 있습니다. 이에 대해 어떤 사람은 크게 스트레스를 받아 감정적으로 대응하여 상황을 더욱 크게 만드는 경우가 있고, 어떤 사람은 침착하게 상황을 파악하고 유연하게 대처하여 위기를 잘 이겨내는 사람이 있습니다. 설상가상과 같은 어려움에 직면했을 때, 우선순위를 정하고 차근차근 해결해 나가는 노력이 필요할 것입니다.

〚     한자를 알면 뜻이 보인다     〛

雪上加霜 : 눈[雪] 위[上]에 서리[霜]가 더해[加]진다.
어려운 일이나 불행이 겹쳐서 일어남을 비유한 말.

**雪** : 눈 설, 11획 ──────────────────────────── 부수: 雨

雨(비 우)와 彗(비 혜)가 합하여 이루어진 모습이다. 손에 빗자루를 쥐고 있는 모습을 그린 것이었으나, 후에 하늘에서 내리는 눈을 의미하여 '눈'이나 '흰색', '고결하다'라는 뜻을 가진 글자로 쓰이게 되었다.

> 설원(雪原) : 눈 설(雪)과 언덕 원(原)으로, 눈이 녹지 않고 늘 쌓여 있는 지역.
> (예문) 짙푸른 하늘 아래에서 하얀 설원은 찬란히 제 빛을 토해낸다.

**上** : 윗 상, 3획 ──────────────────────────── 부수: 一

하늘을 뜻하기 위해 만든 지사문자(指事文字)로, '위'나 '앞', '이전'이라는 뜻을 가진 글자이다.

> 향상(向上) : 향할 향(向)과 윗 상(上)으로 무엇의 수준이 이전보다 더 나아지거나 높아짐.
> (예문) 개인용 컴퓨터는 10년 전에 비해 엄청나게 향상된 성능을 갖추고 있다.

**加** : 더할 가, 5획 ──────────────────────────── 부수: 力

힘 력(力)자와 입 구(口)자가 합하여 이루어진 모습으로, '더하다'나 '가하다'라는 뜻을 가진 글자다. 입을 놀리기에 힘쓴다는 의미와 말을 많이 하는 것으로 인해 '더하다'는 의미가 만들어졌다.

> 가중(加重) : 더할 가(加)와 무거울 중(重)으로, 책임이나 부담 등을 더욱 무겁게 함.
> (예문) 혐오 시설들이 밀집할 경우 주민 피해가 가중될 수 있다.

**霜** : 서리 상, 17획 ──────────────────────────── 부수: 雨

비 우(雨)와 서로 상(相)이 합하여 이루어진 모습으로, '서리'나 '흰 가루', '세월'이라는 뜻을 가진 글자이다. 相은 '바라보다'라는 뜻이 있지만, 여기에서는 발음역할만을 하고 있다.

> 풍상(風霜) : 바람 풍(風)과 서리 상(霜)으로, 모질게 겪은 세상의 고생이나 고통.
> (예문) 아들은 백발이 되어 갖은 풍상에 찌든 모습을 하고 나타났다.

#불행

**평지낙상** (平地落傷) : 평지에서 넘어져 다친다는 뜻으로, 뜻밖에 불행한 일을 겪음.
예문 예상치 못한 평지낙상에 어려움을 겪고 있다.

**길흉화복** (吉凶禍福) : 좋은 일과 나쁜 일, 행복한 일과 불행한 일.
예문 꿈은 길흉화복을 점치는 중요한 수단으로 이용되고 있다.

**횡리지액** (橫罹之厄) : 뜻밖에 당하는 재앙으로 인한 불행.
예문 영수는 횡리지액에도 불구하고 긍정적인 마음으로 위기를 잘 이겨냈다.


[      설상가상, 이럴 때 이렇게      ]

1. 설상가상이라더니 어쩌면 이렇게 일이 꼬이는지 모르겠다.

2. 시험 기간에 공부에 집중해야 하는데, 갑작스러운 감기에 걸려버려서
   설상가상이다.

3. 이번 태풍으로 인해 이미 피해를 입은 지역에 설상가상 다시 홍수가 발생해
   피해를 주고 있다.

4. 경제난을 겪고 있는 그 나라는 설상가상으로 국가의 통치력 약화 현상도 보이고
   있다.

5. 경기가 나빠지면서 실업자 수가 늘어났는데, 설상가상 기업들의 대규모 감원
   소식이 전해졌다.

이럴 수도 없고 저럴 수도 없는
난처한 상황을 표현할 때

진퇴양난

# 進退兩難

　진퇴양난(進退兩難)은 나아가기도 물러나기도 둘 다 어렵다는 뜻으로 어떤 결정을 내리기 어려운 상황이나, 어떤 선택을 하더라도 난처한 상황에 놓여 있을 때 표현하는 말입니다. 인생을 살다 보면, 우리는 벼랑 끝에 몰린 상황에서도 선택하고 판단을 내려야만 하는 중요한 상황이 만들어지게 됩니다. 그럴 때일수록 한쪽으로 치우치지 않고 균형을 유지하고 침착하게 상황을 파악해야 합니다. 성급한 판단으로 쉽게 결정하기보다는 해결책을 찾기 위해 주변 사람들과 의논하여 위기를 극복하고 인내와 지혜를 발휘하여 더 나은 길을 찾을 수 있어야 합니다.

[　　한자를 알면 뜻이 보인다　　]

進退兩難 : 나아가기도[進] 물러나기도[退] 둘다[兩] 어려움[難]
이러지도 못하고 저러지도 못하는 매우 어려운 상태.

**進** : 나아갈 진, 12획 ──────────────── 부수: 辶

쉬엄쉬엄 갈 착(辶)과 새 추(隹)가 합쳐진 모습이며, 앞으로 나아가는 발을 의미하여 '나아가다', '진보하다', '발전하다', '오르다'라는 뜻을 가진 글자이다.

> **촉진(促進)** : 재촉할 촉(促)과 나아갈 진(進)으로, 일을 재촉해 더 잘 진행되도록 함.
>
> 예문 새로운 기술의 발달은 산업 발전을 촉진하고 있다.

**退** : 물러날 퇴, 10획 ──────────────── 부수: 辶

쉬엄쉬엄 갈 착(辶)과 어긋날 간(艮)이 합하여 이루어진 모습으로, '물러나다'라는 뜻을 가진 글자이다.

> **퇴출(退出)** : 물러날 퇴(退)와 날 출(出)로, 물러나서 나감.
>
> 예문 퇴출 은행원들의 업무 복귀율이 저조해 영업 정상화 속도가 느려지고 있다.

**兩** : 두 량, 8획 ──────────────── 부수: 入

본래 '쌍'이나 '짝'이라는 뜻으로 만들어졌었지만, 후에 저울을 닮았다 하여 무게의 단위로도 쓰이게 되어 '둘'이나 '짝', '무게의 단위'라는 뜻을 가진 글자이다.

> **근량(斤兩)** : 도끼 근(斤)과 두 량(兩)으로, 무게의 단위인 근과 량을 아울러 이르는 말.
>
> 예문 그게 크기는 작아도 근량이 꽤 나갈 거야.

**難** : 어려울 난, 19획 ──────────────── 부수: 隹

진흙 근(堇)과 새 추(隹)가 합하여 이루어진 모습으로, '어렵다'나 '꺼리다'라는 뜻을 가진 글자이다. 여자가 북을 치면서 전쟁을 알리는 모양으로, 어려움이 시작되었다는 의미인데, 후에 '女' 대신에 '隹'를 사용하게 되었다.

> **난관(難關)** : 어려울 난(難)과 빗장 관(關)으로, 넘기기 어려운 일이나 고비.
>
> 예문 그에게는 어려운 난관이 첩첩하게 쌓여 있었다.

## #난관

**백절불굴**(百折不屈) : 어떠한 난관에도 결코 굽히지 않음.

〔예문〕 그는 어떠한 어려움에도 백절불굴의 모습을 보이고 있다.

**파란중첩**(波瀾重疊) : 일의 진행에 여러 가지 곤란이나 시련이 많음.

〔예문〕 그녀의 인생은 파란중첩과도 같다고 표현할 만큼 어려움이 많았다.

**상풍고절**(霜風高節) : 어떠한 어려움에도 굽히지 아니하는 높은 절개.

〔예문〕 영욱은 힘든 상황에서도 상풍고절한 모습으로 잘 이겨내고 있다.

〚　진퇴양난, 이럴 때 이렇게　〛

1. 어려운 상황에서 진퇴양난에 처해 결정을 내리기 어렵습니다.

2. 나는 이럴 수도 없고 저럴 수도 없는 진퇴양난의 길에 빠졌다.

3. 출근 시간은 늦었는데 신호는 바뀌지 않고, 차들은 꽉 막혀 있으니 정말 진퇴양난이다.

4. 정치인들은 국민들의 목소리와 정당의 입장 사이에서 진퇴양난의 고민을 하고 있다.

5. 철수는 실리와 의리 사이에서 진퇴양난의 고민에 빠져 있다.

위태롭고 아슬아슬한
위기가 찾아왔을 때

누란지위

# 累卵之危

누란지위(累卵之危)는 알을 여러 개 포개 놓은 듯한 위태로움이라는 뜻으로, 조금만 건드려도 무너질 것 같은 위태롭고 아슬아슬한 위기의 상황을 표현할 때 사용하는 말입니다. 즉 조금만 더 하면 큰 문제가 생길 수 있는 매우 위험한 상황을 뜻합니다. 우리는 누구나 누란지위와 같은 어려운 위기가 찾아올 수 있음을 명심해야 합니다. 이런 위기가 찾아온다면 신중하게 행동하고 침착하게 상황을 파악하여, 포기하지 않고 용기와 인내심을 발휘해, 위기를 지혜롭게 극복해야 합니다. 또한 누군가의 삶이 누란지위 상황에 놓여있다면, 그들에게 도움의 손길을 건네주고 따뜻한 위로의 말을 전함으로써 서로의 어려움을 함께 극복했으면 합니다.

[ 한자를 알면 뜻이 보인다 ]

累卵之危 : 알[卵]을 쌓아[累] 놓은 듯한 위태로움[危]
매우 위태롭고 아슬아슬한 위기를 비유한 말.

累 : 묶을 루(누), 11획 ──────────────── 부수: 糸

밭 전(田)과 가는 실 사(糸)가 합하여 이루어진 모습으로, 포개어 쌓았다는 의미거나, 실로 물건을 묶는 모양을 의미하여 '묶다'나 '여러', '자주'라는 뜻을 가진 글자가 되었다.

**계루(繫累)** : 맬 계(繫)와 묶을 루(累)로, 어떤 사건이나 사물에 얽매여 관련됨.
(예문) 우리 작은아버지는 자신도 모르게 그 사건에 계루되어 곤욕을 치르고 있다.

卵 : 알 란(난), 7획 ──────────────── 부수: 卩

두 개의 물고기 알의 모습을 본뜬 글자로 '알'이나 '고환', '굵다'라는 뜻을 가진 글자이다.

**탁란(托卵)** : 맡길 탁(托)과 알 란(卵)으로, 다른 새의 둥지에 알을 낳아 그 새가 자기 알을 품어서 기르게 함.
(예문) 뻐꾸기는 다른 새의 둥지에 탁란한다.

之 : 갈 지, 4획 ──────────────── 부수: 丿

갑골문자를 보면 발을 뜻하는 止(발 지)가 그려져 있는데 사람의 발을 그린 것으로 '가다'나 '~의', '~에'와 같은 뜻으로 쓰이는 글자이다.

**자격지심(自激之心)** : 스스로 자(自)와 격할 격(激), 갈 지(之), 마음 심(心)으로 스스로 미흡하게 여기는 마음.
(예문) 그동안 그에 대해 느꼈던 거리감은 내 자격지심 때문이라고 생각한다.

危 : 위태할 위, 6획 ──────────────── 부수: 卩

재앙 액(厄)과 사람 인(人)이 합하여 이루어진 모습으로, 사람이 벼랑 위에 위태롭게 서 있는 모양을 본떠 '위태롭다'나 '불안하다'라는 뜻을 가진 글자가 되었다.

**안위(安危)** : 편안할 안(安)과 위태로울 위(危)로, 편안함과 위태함을 아울러 이르는 말.
(예문) 그는 늘 국가의 안위를 먼저 생각하는 사람이었습니다.

#위태로움

**위약조로**(危若朝露) : 위태롭기가 마치 아침 이슬과 같다는 뜻.

예문 그녀의 인생은 위약조로와도 같아 매우 안타깝다.

**만분위중**(萬分危重) : 병세가 아주 깊고 위태로움.

예문 우리 가족은 할아버지의 건강이 만분위중하여 병원으로 달려갔다.

**거안사위**(居安思危) : 편안하게 있을 때, 위태로움을 생각하라는 뜻.

예문 사업이 잘될 때일수록 거안사위해야 한다.

[[ 　누란지위, 이럴 때 이렇게　]]

1. 우리 회사는 경영난 때문에 누란지위에 처해 있어 모두 어수선한 분위기였다.

2. 우리 팀의 현재 상황은 누란지위이기 때문에 모두가 신중해야 한다.

3. 정부의 부실한 정책으로 인해 경제는 누란지위에 놓여 있습니다.

4. 그녀의 사업은 시작부터 누란지위였지만, 끈기 있게 노력한 결과 성공할 수 있었다.

5. 환경문제가 심각해지면서 지구의 미래는 누란지위의 상황으로 치닫게 될 것이다.

감당하기 힘들고 위태로운
위기 상황을 표현할 때

백척간두

# 百尺竿頭

백척간두(百尺竿頭)는 백 척이나 되는 장대 위에 올라섰다는 뜻으로, 몹시 어렵고 위태로운 위험이 닥쳤을 때 표현되기도 하며, 노력한 위에 한층 더 노력하는 마음가짐을 표현하기도 합니다. 그러나 주로 매우 위태롭고 어려운 상황을 표현할 때 사용됩니다. 자신이 긴급하고 어려운 상황에 놓여 있음에도 그것을 파악하지 못하여 화를 입는 경우가 많습니다. 이런 백척간두에 놓여 있지 않기 위해서는 미리 위험 요소를 파악하고 대비할 수 있는 전략을 세워야 합니다. 세상은 끊임없이 변화하고 있으며, 예상치 못한 위기에 봉착할 수 있기 때문에, 항상 주변 상황을 살피고 협력을 통해 문제를 해결할 수 있기를 바랍니다.

[ 　　한자를 알면 뜻이 보인다　　 ]

百尺竿頭 : 백[百] 자[尺]나 되는 장대[竿] 위[頭]에 올라섰다
더할 수 없이 어렵고 위태로운 위기 상황을 뜻함.

百 : 일백 백, 6획 ──────────────────────────── 부수: 白

흰 백(白)과 한 일(一)이 합하여 이루어진 모습으로, '백 번', '온갖'과 같은 수를 나타내는 글자이다.

> 백방(百方) : 일백 백(百)과 모 방(方)으로, 온갖 방법이나 방면.
> [예문] 박 사장은 백방으로 노력했지만 파산 선고를 면하지 못했다.

尺 : 자 척, 4획 ──────────────────────────── 부수: 尸

갑골문자를 보면 사람의 다리에 획이 하나 그어져 있는데 이것은 발만큼의 길이를 표현한 것으로 '자'나 '길이'라는 뜻을 가진 글자이다.

> 지척(咫尺) : 길이 지(咫)와 자 척(尺)으로, 아주 가까운 거리를 말함.
> [예문] 망원경으로 보니 먼 산이 지척에 있는 것 같았다.

竿 : 낚싯대 간, 9획 ──────────────────────────── 부수: 竹

대죽 죽(竹)과 방패 간(干)이 합하여 이루어진 모습으로, '낚시대', '장대', '죽간'을 뜻하는 글자이다.

> 장간(檣竿) : 돛대 장(檣)과 장대 간(竿)으로, 배에서 돛을 다는 기둥.
> [예문] 범석은 돛을 손질하러 장간에 올라갔다가, 하마터면 바람에 날려 갈 뻔했다.

頭 : 머리 두, 16획 ──────────────────────────── 부수: 頁

콩 두(豆)와 머리 혈(頁)이 합하여 이루어진 모습으로, '머리'나 '꼭대기', '처음'이라는 뜻을 가진 글자이다.

> 화두(話頭) : 말씀 화(話)와 머리 두(頭)로, 이야기의 말머리를 말함.
> [예문] 형님은 다시 화두를 집안 문제로 돌렸다.

## #위태로운

**철부지급(轍鮒之急)** : 매우 위태로운 처지에 있는 상황.

예문 그녀의 인생은 철부지급과 같은 상황의 연속이었다.

**풍전등화(風前燈火)** : 사물이 매우 위태로운 처지에 놓여 있음을 비유적으로 이르는 말.

예문 시장 개방을 앞두고 국내 유통업계가 풍전등화의 위기에 놓이게 되었다.

**견위수명(見危授命)** : 위태로움을 보고 목숨을 바친다는 뜻.

예문 나라가 위기에 처했을 때는 견위수명하는 자세로 대처해야 한다.

## [ 　백척간두, 이럴 때 이렇게　 ]

1. 지금은 국가의 운명이 백척간두에 선 절박한 시기라는 것을 잊지 말자.

2. 시험 기간이 다가오면서 학생들은 백척간두의 긴장감을 느끼고 있다.

3. 대표는 기자회견에서 이번 사태로 인해 회사가 백척간두의 위기에 처했다고 밝혔다.

4. 경기의 마지막 순간에 선수들은 백척간두의 긴장 속에서 승부를 뒤집어야 했다.

5. 군사 쿠데타가 일어나 이 나라의 민주주의는 백척간두의 위기에 봉착했다.

조금만 자극해도
곧 큰일이 벌어질 것 같은 위기의 상황일 때

일촉즉발

# 一觸卽發

일촉즉발(一觸卽發)은 조그만 자극에도 큰일이 벌어질 것 같은 아슬아슬한 상태를 말하며, 매우 미묘하고 긴장감 높은 상황을 표현할 때 사용하는 말입니다. 정치적, 사회적, 경제적 상황이 극도로 긴장되어 큰 문제가 발생할 위험성이 높은 상황일 때 쓰이는 말이지만, 사람과의 관계에서 작은 오해나 실수가 큰 갈등을 일으킬 때도 일촉즉발이라는 표현을 쓸 수 있습니다. 사람들 사이에는 복잡한 감정과 생각이 얽혀있기 때문에 언제 어떤 상황이 터질지 알 수가 없기 때문입니다. 감정적으로나 행동이 매우 민감한 상태에서 불필요한 충돌이나 자극을 피하는 것이 중요합니다. 일을 악화시키지 않기 위해서는 감정을 다스리고, 불필요한 자극을 삼갈 필요가 있습니다.

〖 한자를 알면 뜻이 보인다 〗

一觸卽發 : 한 번[一] 닿기만 [觸] 하여도 곧[卽] 폭발[發]한다
작은 자극에도 큰일이 벌어질 것 같은 아슬아슬한 상태.

**一 : 한 일, 1획** ─────────────────────────── 부수: 一

'하나'나 '첫째', '오로지'라는 뜻을 가진 글자이며, 막대기를 옆으로 눕혀놓은 모습을 그린 것이다.

> **일선(一線)** : 한 일(一)과 줄 선(線)으로, 어떠한 분야나 계통에서 직접 일을 다루거나 처리하는 위치.
> (예문) 그는 이번 기회에 아들에게 회사를 물려주고 일선에서 물러날 계획이다.

**觸 : 닿을 촉, 20획** ─────────────────────────── 부수: 角

뿔 각(角)과 벌레 촉(蜀)이 합하여 이루어진 모습이다. 뿔로 찌르고 받는다는 의미로 '닿다'나 '찌르다'라는 뜻을 가진 글자가 되었다.

> **촉매(觸媒)** : 닿을 촉(觸)과 중매 매(媒)로, 어떤 일을 유도하거나 변화시키는 일 따위를 말함.
> (예문) 인터넷은 사회 이슈들에 광범위한 대중 참여를 촉진시키는 촉매 역할을 하고 있다.

**卽 : 곧 즉, 9획** ─────────────────────────── 부수: 卩

낟알이라는 의미를 가진 皀와 병부 절(卩)이 합하여 이루어진 모습이다. 때를 넘기지 않고 그 자리에서 '바로'라는 의미의 '곧'이나 '이제', '가깝다'라는 뜻을 가진 글자로 쓰이고 있다.

> **즉결(卽決)** : 곧 즉(卽)과 결정할 결(決)로, 그 자리에서 곧바로 처리하여 결정함.
> (예문) 두 사람이 규율을 어겼기 때문에, 필시 즉결 처분당하게 될 것이다.

**發 : 필 발, 12획** ─────────────────────────── 부수: 癶

등질 발(癶)과 활 궁(弓), 창 수(殳)가 합하여 이루어진 모습이다. 서로 등지고 무기를 앞세우는 모양에서 '쏘다', '피다', '일어나다'라는 뜻을 가진 글자가 되었다.

> **유발(誘發)** : 꾈 유(誘)와 필 발(發)로, 어떤 것이 원인이 되어 다른 일이 일어남.
> (예문) 그의 고된 모습은 뭇사람들의 동정심을 유발하기에 충분했다.

#### #쓰러짐

**두중각경**(頭重脚輕) : 정신이 어찔하고, 다리에 힘이 빠져 쓰러짐.

(예문) 용호는 마라톤에 참가하였으나 두중각경하여 도중에 포기하고 말았다.

**횡초지공**(橫草之功) : 풀을 가로로 쓰러뜨리며 세운 공로라는 뜻으로 전쟁터에서 세운 공.

(예문) 할아버지는 한국전쟁 때 횡초지공하여 나라의 훈장을 받게 되었다.

**기진맥진**(氣盡脈盡) : 힘을 모두 써서 지쳐 쓰러질 것 같은 상태가 됨.

(예문) 진통이 이틀이나 계속되어 산모는 기진맥진하였다.


[[    일촉즉발, 이럴 때 이렇게    ]]

1. 이번 정치적 상황은 일촉즉발의 긴장감으로 양당이 대치를 하고 있다.

2. 두 나라는 금방이라도 전쟁이 일어날 것만 같은 일촉즉발의 대치 상태였다.

3. 노사관계가 일촉즉발의 상황이 되자 대표님이 직접 나서서 문제를 해결했다.

4. 군중이 분기하여 시가를 점령하자 일촉즉발의 상황이 전개되기 시작했다.

5. 일촉즉발의 상태에서는 감정을 자제하고 이성적으로 대처하는 것이 좋다.

# 노력

노력은 기술이 아니라
계속 전진하게 하는 동력이자 성공의 흔적이다.

노력은 우리가 통제할 수 있는 유일한 자산입니다.
운명이라는 바다에서 파도는 예측할 수 없지만,
우리가 손에 잡은 노 젓기는 언제나 우리 노력에 달려 있습니다.
그 노 젓기야말로 우리가 항해를 지속할 수 있게 만드는 힘이자,
우리가 원하는 목적지에 닿게 하는 유일한 수단입니다.

인내를 가지고 꾸준히 노력하면
이룰 수 있음을 표현할 때

## 우공이산

# 愚公移山

우공이산(愚公移山)은 우공(愚公)이라는 노인이 두 산을 옮겼다는 이야기로, 불가능해 보이는 일이라도 끊임없이 노력하면 반드시 이룰 수 있다는 것을 표현할 때 사용되는 말입니다. 우리는 이 성어를 통해, 인생에서 마주하는 어려움에 굴하지 않고, 끝까지 인내와 끈기를 가지고 노력하면, 결국 원하는 바를 얻을 수 있다는 지혜를 배울 수 있게 됩니다. 비록 시작은 미미하고 어렵더라도 지속적으로 노력하면 결국 성과를 얻을 수 있다는 우공이산의 이야기를 기억하고, 우리의 삶에도 우공처럼 끊임없는 노력으로 꿈을 향해 나아가는 자세를 가지도록 해야 할 것입니다.

[    한자를 알면 뜻이 보인다    ]

愚公移山 : 우공[愚][公]이 산[山]을 옮긴다[移]
꾸준하게 열심히 노력하면 반드시 이룰 수 있다는 말.

**愚** : 어리석을 우, 13획 ──────────────── 부수: 心

원숭이 옹(禺)과 마음 심(心)이 합하여 이루어진 모습으로, '어리석다'나 '고지식하다'라는 뜻을 가진 글자이다.

> **우문(愚問)** : 어리석을 우(愚)와 물을 문(問)으로, 어리석은 질문.
> (예문) 산을 좋아하는 사람에게 산에 오르는 것이 힘들지 않냐고 묻는 것은 우문일 것이다.

**公** : 공평할 공, 4획 ──────────────── 부수: 八

여덟 팔(八)과 사사로울 사(厶)가 합하여 이루어진 모습이며, '공평하다'나 '공변되다'라는 뜻을 가진 글자이다. '공변되다'란 어느 한쪽으로 치우치지 않는다는 뜻이다. 八은 숫자 '여덟'이라는 뜻이 있지만, 본래는 무언가를 반으로 가르는 모습을 그린 것으로, 공평하게 배분했다는 의미를 유추할 수 있다.

> **공적(公的)** : 공평할 공(公), 과녁 적(的)으로, 국가나 사회에 관계되는 것.
> (예문) : 공적인 일에는 사적인 감정을 개입시키지 말아야 한다.

**移** : 옮길 이, 11획 ──────────────── 부수: 禾

벼 화(禾)와 많을 다(多)가 합하여 이루어진 모습이다. 곡물을 많이 생산해서 운반한다는 의미로 '옮기다'라는 뜻을 가진 글자가 되었다.

> **추이(推移)** : 밀 추(推)와 옮길 이(移)로, 시간의 흐름에 따라 일이나 형편이 변하여 나아감.
> (예문) 최근 환경 오염의 추이는 심각한 수준에 이르렀습니다.

**山** : 뫼 산, 3획 ──────────────── 부수: 山

'뫼'나 '산', '무덤'이라는 뜻을 가진 글자로, 육지에 우뚝 솟은 3개의 봉우리를 그려 '산'을 형상화한 상형문자이다.

> **산하(山河)** : 뫼 산(山)과 강 이름 하(河)로, 모든 자연을 통틀어 이르는 말.
> (예문) 중병에 걸린 우리 산하의 회복을 위해 온 국민이 노력해야 한다.

## #어리석음

**막지동서(莫知東西)** : 동서를 분간하지 못하는 어리석음.

〔예문〕 성호야 막지동서하지 말고 현명한 판단으로 잘 처리하길 바란다.

**맹인모상(盲人摸象)** : 일부분을 알면서도 전체를 아는 것처럼 여기는 어리석음.

〔예문〕 사건의 진실을 맹인모상으로 판단해서는 안 됩니다.

**불분동서(不分東西)** : 동서의 방향을 가리지 못한다는 뜻으로, 아주 어리석게 행동함.

〔예문〕 해창아, 불분동서하지 않도록 올바른 판단으로 행동하기를 바란다.

〚　우공이산, 이럴 때 이렇게　〛

1. 나는 우공이산을 좌우명 삼아 묵묵히 일한다.

2. 그녀는 회사에서 일을 처리할 때 우공이산의 정신을 보여주며, 결국 성공을 거두었다.

3. 그는 힘든 시기에도 불구하고 우공이산의 마음가짐으로 한결같이 달렸다.

4. 우공이산이라는 말처럼 우직하게 한 우물만 팠더니 명성을 떨치게 되었다.

5. 큰일을 이루려면 우공이산의 마음가짐으로 끈기와 인내를 발휘해야 한다.

끊임없는 노력과
끈기가 필요함을 표현할 때

마부위침

# 磨斧爲針

마부위침(磨斧爲針)은 도끼를 갈아 바늘을 만든다는 뜻으로, 끊임없이 노력하면 어려운 일도 이룰 수 있다는 의미로 표현되는 말입니다. 그만큼 노력의 지속성을 강조하는 것입니다. 실패 없이 손쉽게 성공하려고 하면, 사실 이룰 수 있는 것이 별로 없습니다. 상황이 조금만 어려워져도 포기하려고 할 것이기 때문입니다. 사회에서 가치를 인정받을 수 있는, 일정 수준 이상의 모든 도전은 그것이 어느 분야든 실패를 수반하게 마련이고, 그만큼 꾸준한 노력을 요구합니다. 꾸준함은 복리의 누적입니다. 비록 속도가 느리더라도, 중간에 크고 작은 실패가 있더라도, 꾸준한 노력은 꿈과 이상에 쉴 새 없이 가까워지는 가장 확실한 방법입니다.

〚　　한자를 알면 뜻이 보인다　　〛

磨斧爲針 : 도끼[斧]를 갈아[磨] 바늘[針]을 만든다[爲]
아무리 어려운 일이라도 끊임없이 노력하면 반드시 이룰 수 있다는 말.

**磨** : 갈 마, 16획 ──────────────────────────── 부수: 石

돌 석(石)과 삼 마(麻)가 합하여 이루어진 모습으로, '갈다'나 '닳다', '문지르다'라는
뜻을 가진 글자이다. 돌로 갈아 문지르거나 부순다는 의미에서 '연마하다'까지
파생되었다.

> 마모(磨耗) : 갈 마(磨)와 줄 모(耗)로, 마찰로 닳아 없어지거나 무디어짐.
> (예문) 자동차는 공회전을 심하게 하면 엔진이 마모되고 연료도 낭비된다.

**斧** : 도끼 부, 8획 ──────────────────────────── 부수: 斤

근 근(斤)과 아버지 부(父)가 합하여 이루어진 모습으로, '도끼', '(도끼로)베다'라는 뜻을
가진 글자이다.

> 석부(石斧) : 돌 석(石)과 도끼 부(斧)로, 큰 돌 조각으로 다듬고 갈아서 만든 도끼.
> (예문) : 아파트 공사장에서 석부 등 석기류 10여 점이 출토되었다.

**爲** : 할 위, 12획 ──────────────────────────── 부수: 爫

'~을 하다'나 '~을 위하다'라는 뜻을 가진 글자이며 爲는 원숭이가 발톱을 쳐들고
할퀴려는 모습이라는 해석이 있지만, 갑골문자에서는 코끼리와 손이 함께 그려져 있다.

> 당위성(當爲性) : 마땅할 당(當)과 할 위(爲), 성품 성(性)으로, 마땅히 그렇게 하거
> 나 되어야 할 성질
> (예문) 정치권은 뒤늦게 개혁 정책의 당위성을 보완하는 일에 치중하고 있다.

**針** : 바늘 침, 획 ──────────────────────────── 부수:

쇠 금(金)과 열 십(十)이 합하여 이루어진 모습이다. 귀가 있는 바늘을 본뜬 것으로,
'바늘'이나 '침'이라는 뜻을 가진 글자이다.

> 지침(指針) : 손가락 지(指)와 바늘 침(針)으로, 행동의 올바른 방향을 인도하여 주
> 는 준칙.
> (예문) 영호는 새로 입사한 팀원들에게 웃는 얼굴로 작업 지침을 안내했다.

## [ 　키워드로 보는 사자성어, 斧　 ]

#### #도끼

**지부작족(知斧斫足)** : 믿는 도끼에 발등이 찍힌다는 뜻.

(예문) 그렇게 친했던 성호에게 지부작족을 당할 줄은 몰랐다.

**설저유부(舌底有斧)** : 혀 아래에 도끼가 들었다는 뜻.

(예문) 민지는 설저유부와 같은 말을 해 나에게 상처를 주었다.

**게부입연(揭斧入淵)** : 도끼를 들고 산으로 가지 않고 물에 들어간다는 뜻.

(예문) 해창아, 지금 게부입연 할 때가 아니라 취업 준비에 최선을 다할 때이다.


## [ 　마부위침, 이럴 때 이렇게　 ]

1. 그녀는 고등학생 때부터 끈질긴 노력으로 마부위침을 실천하여, 세계적인
   성악가가 되었다.

2. 작가는 이 소설에서 마부위침의 교훈을 받아 인생의 어려움을 극복해나가는
   주인공의 모습을 그렸다.

3. 특임 장관으로 취임한 그는 고위 공직자의 자세로 마부위침을 강조했다.

4. 그가 마라톤에 우승한 것은, 마부위침처럼 힘든 훈련과 시련을 극복한 결과였다.

5. 숱한 역경을 헤치고 공직의 길에 들어선 그의 좌우명은 마부위침이다.

일의 진행이 늦어지고
속도가 나지 않아 의기소침해질 때

수적천석

# 水滴穿石

수적천석(水滴穿石)는 물방울이 바위를 뚫는다는 뜻으로, 아무리 작고 미약한 힘이라도 끊임없이 노력하면 결국은 엄청난 결과를 만들 수 있다는 의미를 표현한 말입니다. 실제로 중국의 불교 사원 중 하나인 요화사(瑤華寺)에는 암벽에서 물이 흘러 내리는 곳이 있는데, 이곳에서 수많은 물방울이 오랜 세월 동안 떨어지다 보니 암석이 뚫리게 되었다고 합니다. 물방울은 작고 약해 보이지만, 끊임없이 떨어지는 과정을 통해 결국은 단단한 바위를 뚫을 수 있듯이, 쉽지 않은 목표라도 포기하지 않고 꾸준히 끈기를 가지고 노력하면 꿈을 이룰 수 있다는 가르침을 주는 지혜의 표현입니다.

[      한자를 알면 뜻이 보인다      ]

水滴穿石 : 물방울[滴][水]이 바위[石]를 뚫는다[穿]
작은 노력이라도 끈기 있게 계속하면 큰일을 이룰 수 있음.

**水** : 물 수, 4획 ──────────────────────── 부수: 水

'물'이나 '강물', '액체'라는 뜻을 가진 글자이다. 가운데의 물줄기와 양쪽의 흘러가는
모습을 본뜬 글자로, 물과 관련된 상태나 동작과 관련된 의미로 사용된다.

> **수질(水質)** : 물 수(水)와 바탕 질(質)로, 물의 성질.
> (예문) 수질 오염을 최소화 할 수 있는 부동액을 개발하는 것이 필요하다.

**滴** : 물방울 적, 14획 ──────────────────────── 부수: 氵

물 수(水)와 밑동 적(商)이 합하여 이루어진 모습으로, '물방울'이나
'(물방울이)떨어지다'라는 뜻을 가진 글자이다.

> **연적(硯滴)** : 벼루 연(硯)과 물방울 적(滴)으로, 벼룻물을 담아두는 작은 그릇.
> (예문) : 아버지가 사용하시는 연적은 옥으로 만든 귀한 것이라고 한다.

**穿** : 뚫을 천, 9획 ──────────────────────── 부수: 穴

구멍 혈(穴)과 어금니 아(牙)가 합하여 이루어진 모습이다. 어금니로 구멍을 뚫는다는
뜻으로, '뚫다', '꿰뚫다', '개통하다'라는 뜻을 가진 글자이다.

> **천착(穿鑿)** : 뚫을 천(穿)과 뚫을 착(鑿)으로, 어떤 원인이나 내용을 따지고 파고들
> 어 연구함.
> (예문) 이번 공동 연구에서는 이 주제를 좀 더 천착할 필요가 있다.

**石** : 돌 석, 5획 ──────────────────────── 부수: 石

갑골문자를 보면 벼랑 끝에 매달려 있는 돌덩이가 그려져 있으며, '돌'이나 '용량
단위'로 쓰이는 글자이다.

> **초석(礎石)** : 주춧돌 초(礎)와 돌 석(石)으로, 어떤 사물의 기초를 말함.
> (예문) 역사를 바로 쓰는 것은 나라를 바로 세우는 초석이 된다.

#바위

**안여반석(安如磐石)** : 마음이 바위같이 끄떡없고 든든함.

예문 그 친구는 나에게 있어 안여반석과 같은 벗이었다.

**반석지안(盤石之安)** : 흔들리지 않고 바위같이 의지가 견고하거나 견실함을 뜻함.

예문 김 대리는 반석지안의 성품으로 주위에서 신망이 높기로 소문났다.

**기암괴석(奇巖怪石)** : 기이하고 괴상하게 생긴 바위와 돌.

예문 기암괴석들은 수억 년 동안 지표면에서 생성과 풍화를 겪은 뒤 이루어졌다.

〚　수적천석, 이럴 때 이렇게　〛

1. 이번 결과는 지난 십여 년간 수적천석의 노력이 서서히 증명되고 있는 결과라고 생각됩니다.

2. 그는 기존의 틀을 벗어나 사회를 개선해 나가는 과정에서 수적천석을 인용했다.

3. 그는 수적천석처럼 꾸준한 훈련으로 국가대표가 되어 올림픽에서 금메달을 따냈다.

4. 사장님은 직원들에게 "수적천석처럼 꾸준한 노력으로 이 회사는 크게 성장할 것이다"라고 말했다.

5. 수적천석의 원리를 이해하고, 하루에 하나씩 한자를 익히다 보면, 어느새 문리가 트이게 될 것이다.

자기를 돌보지 않고
헌신적으로 힘을 다해 노력할 때


분골쇄신

# 粉骨碎身

분골쇄신(粉骨碎身)은 뼈와 몸을 다 쏟아내고 있는 힘을 다해 노력한다는 뜻으로, 분골(粉骨)은 뼈가 가루가 되는 것을 의미하며, 쇄신(碎身)은 몸이 부서지는 것을 의미합니다. 즉 뼈가 가루가 되고, 몸이 부서질 정도로 희생하고 헌신하며 노력한다는 뜻입니다. 쇄신이라는 말은 낡은 것을 버리고 새롭게 한다는 의미도 있어서 분골쇄신은 뼈와 육신을 다 쏟아내어 낡은 것을 없애고 나를 새롭게 하는 것을 의미하기도 합니다. 결국은 분골쇄신은 어떠한 어려움이 있더라도 포기하지 않고, 목표를 향해 강인한 의지와 끈기를 가지고 나를 새롭게 다지고 만드는 헌신의 노력임을 잊지 말아야 합니다.

[        한자를 알면 뜻이 보인다        ]


粉骨碎身 : 뼈[骨]가 가루[粉]가 되고 몸[身]이 부서진다[碎]
있는 힘을 다해 노력함. 또는 남을 위하여 수고를 아끼지 않음.

**粉** : 가루 분, 10획 ——————————————————— 부수: 米

쌀 미(米)와 나눌 분(分)이 합하여 이루어진 모습으로, 쌀을 빻아 가루로 만든 것에서 '가루'라는 뜻을 가지게 되었다.

> **분쇄(粉碎)** : 가루 분(粉)과 부술 쇄(碎)로, 어떤 물체를 가루처럼 잘게 부스러뜨림.
> (예문) 저희 매장에서는 구입하신 원두를 그 자리에서 분쇄해 드립니다.

**骨** : 뼈 골, 10획 ——————————————————— 부수: 骨

살을 발려내고 뼈만 남겨 놓았다는 의미에서 '뼈'나 '골격', '몸'이라는 뜻을 가진 글자이며, 뼈뿐만 아니라 신체의 부위를 나타내는 부수로도 쓰이고 있다.

> **골자(骨子)** : 뼈 골(骨)과 아들 자(子)로, 말이나 내용에서 중심을 차지하는 중요한 부분.
> (예문) : 너의 이야기의 골자는 도대체 무엇인지 모르겠다.

**碎** : 부술 쇄, 13획 ——————————————————— 부수: 石

돌 석(石)과 마칠 졸(卒)이 합하여 이루어진 모습으로, '부수다', '부서지다'라는 뜻을 가진 글자로 쓰이고 있다.

> **파쇄(破碎)** : 깨뜨릴 파(破)와 부술 쇄(碎)로, 깨뜨려 부숨.
> (예문) 각종 폐기물의 파쇄는 쓰레기 부피를 줄여 환경 오염을 줄일 수 있다.

**身** : 몸 신, 7획 ——————————————————— 부수: 身

'몸'이나 '신체'를 뜻하는 글자로, 갑골문자를 보면 배가 볼록한 임신한 여자가 그려져 있으며, 본래 의미는 '임신하다', '(아이를)배다'라는 뜻이다.

> **신병(身柄)** : 몸 신(身)과 자루 병(柄)으로, 보호나 구금의 대상이 되는 본인의 몸.
> (예문) 경찰은 이미 범인의 신병을 확보하였다.

#뼈

**각골분한**(刻骨憤恨) : 뼈에 사무칠 만큼 분하고 한스러움.
(예문) 그 사건을 떠올리면 각골분한으로 잠을 이루지 못하고 있다.

**조심누골**(彫心鏤骨) : 마음에 새기고 뼈에 사무친다는 뜻.
(예문) 어머니는 아기를 조심누골 다루듯이 사랑했습니다.

**언중유골**(言中有骨) : 말속에 뼈가 있다는 뜻.
(예문) 언중유골이라고, 그 말을 괜히 한 게 아니었다.

〖  분골쇄신, 이럴 때 이렇게  〗

1. 학생들은 수해를 입은 농촌 마을을 방문하여 분골쇄신하며 일주일을 보내고 있다.

2. 분골쇄신이 되더라도 조국을 위해 목숨을 바치겠습니다.

3. 그 정치인은 우리나라의 민주화를 위해 분골쇄신한 경력을 가지고 있다.

4. 이 프로젝트를 맡겨만 주신다면 분골쇄신으로 최선을 다하겠습니다.

5. 할아버지는 한국전쟁 때 분골쇄신하며 싸우신 훌륭한 분이시다.

계속되는 실패의 경험으로
지치고 힘들 때

### 십벌지목
# 十伐之木

 

십벌지목(十伐之木)은 열 번 찍어 베는 나무란 뜻으로, 우리나라 속담인 '열 번 찍어 아니 넘어가는 나무가 없다'라는 뜻을 가진 속담 성어입니다. 어떤 일이든 끈기를 가지고 계속 노력하면 결국에는 이루어낼 수 있다는 의미로 표현되는 말입니다. 인생의 많은 과정은 쉽지 않으며, 때로는 포기하고 싶을 때도 있습니다. 하지만 십벌지목이 가지고 있는 끈기와 인내, 도전정신의 의미를 생각하고, 어려운 일에 직면했을 때 자신에게 용기를 북돋아 주어, 자신을 격려하는 데 도움이 되는 성어가 되기를 희망합니다.

〔　　한자를 알면 뜻이 보인다　　〕

十伐之木 : 열[十] 번 찍어[伐] 베는 나무[木]
어떤 어려운 일이라도 여러 번 계속하여 노력하고 반복하면 성공한다.

十 : **열 십, 2획** ——————————————————————————————— 부수: 十

'열'이나 '열 번'이라는 뜻을 가진 글자다.

> **십장생**(十長生) : 열 십(十)과 길 장(長), 날 생(生)으로, 죽지 않고 오래 산다는 열 가지.
>
> (예문) 이불에는 오색 수실로 십장생이 화려하게 수놓아져 있었다.

伐 : **칠 벌, 6획** ——————————————————————————————— 부수: 亻

사람 인(人)과 창 과(戈)가 합하여 이루어진 모습이다. 사람의 목에 창을 대고 있는 모양에서 '치다'나 '베다'라는 뜻을 가진 글자가 되었다.

> **벌초**(伐草) : 칠 벌(伐)과 풀 초(草)로, 무덤의 잡풀을 베고 다듬어서 깨끗이 함.
>
> (예문) 일가친척들이 모여 함께 묘제를 지낸 후 벌초를 하였다.

之 : **갈 지, 4획** ——————————————————————————————— 부수: 丿

사람의 발을 그린 것으로 '가다'나 '~의', '~에'와 같은 뜻으로 쓰이는 글자이다.

> **역지사지**(易地思之) : 남과 처지를 바꾸어 생각함.
>
> (예문) 두 사람이 역지사지로 상대편의 주장에 귀를 기울일 필요가 있다.

木 : **나무 목, 4획** ——————————————————————————————— 부수: 木

나무의 뿌리와 가지가 함께 표현된 상형문자로 땅에 뿌리를 박고 가지를 뻗어 나가는 나무를 표현한 글자라 할 수 있다.

> **접목**(椄木) : 접붙일 접(椄)과 나무 목(木)으로, 서로 다른 것들을 합쳐서 알맞게 조화시킴.
>
> (예문) 전통문화를 현대적 감각과 접목하여 새로운 전통을 탄생시켜야 한다.

#되풀이(반복)

**재삼재사(再三再四) : 여러 번 되풀이하여.**

예문 그래도 안심이 안 되어 재삼재사 다짐을 받아 놓았다.

**무수사례(無數謝禮) : 고맙다는 인사를 수없이 되풀이함.**

예문 그 노인은 아들의 생명을 구해 주어 고맙다며 나에게 무수사례하고 돌아갔다.

**중언부언(重言復言) : 이미 한 말을 자꾸 되풀이함.**

예문 술에 취한 미영은 앞뒤도 맞지 않는 말을 계속 중언부언하였다.

〖 십벌지목, 이럴 때 이렇게 〗

1. 그녀는 십벌지목의 마음가짐으로 지난 여러 해 동안 고난에도 굴하지 않고 꿈을 향해 나아갔습니다.

2. 우리가 어려움을 이겨낼 수 있었던 건, 모두가 십벌지목으로 노력한 덕분이야.

3. 경제 위기를 이겨낸 기업들이 십벌지목의 마음가짐으로 도전을 이어갔다.

4. 사랑하는 사람의 마음을 얻기 위해 그는 십벌지목의 노력을 아끼지 않았다.

5. 그는 십벌지목이라는 말을 마음에 품고, 5년간의 도전 끝에 행정고시에 합격하였습니다.

일이나 목표를 위해
집중하고 몰입하는 열정과 의지를 표현할 때

### 전심전력

# 全心全力

전심전력(全心全力)은 온 마음과 온 힘을 다한다는 뜻으로, 어떤 일을 할 때 자신의 모든 정신과 체력을 쏟아 부어 최선을 다해 노력할 때 사용되는 표현입니다. 전심전력은 단순히 노력하는 것을 넘어, 모든 마음과 힘을 다해, 한 가지 일에 집중하고 몰입하는 열정과 의지를 표현하는 말이기도 합니다. 어려운 상황에서도 끝까지 포기하지 않고 목표를 향해 끊임없이 노력하고 최선을 다하는 사람에게는 꼭 필요한 다짐의 말입니다. 이는 개인의 성장과 목표 달성뿐만 아니라, 조직 내에서의 리더십 발휘에도 표현될 만큼, 가치 있고 중요한 마음가짐이라 할 수 있습니다.

[ 　한자를 알면 뜻이 보인다　 ]

全心全力 : 온[全] 마음[心]과 온[全] 힘[力]
온 마음과 온 힘을 다 기울임.

全 : 온전할 온, 6획 ──────────────── 부수: 入
들 입(入)과 옥 옥(玉)이 합하여 이루어진 모습으로, '온전하다'나 '갖추어지다', '흠이 없다'라는 뜻을 가진 글자이다.

> 보전(保全) : 지킬 보(保)와 온전할 전(全)으로, 온전하게 잘 지키거나 유지함.
> (예문) 자연은 후손에게 물려줄 유산 중 하나이므로 환경 보전에 힘써야 한다.

心 : 마음 심, 4획 ──────────────── 부수: 心
사람이나 동물의 심장을 그린 것으로 '마음'이나 '생각', '심장', '중앙', '중심'이라는 뜻을 가진 글자이다.

> 핵심(核心) : 씨 핵(核)과 마음 심(心)으로, 사물의 가장 중심이 되는 부분.
> (예문) 그 질문은 문제의 핵심을 찌르는 중요한 질문이었다.

全 : 온전할 온, 6획 ──────────────── 부수: 入
들 입(入)과 옥 옥(玉)이 합하여 이루어진 모습으로, '온전하다'나 '갖추어지다', '흠이 없다'라는 뜻을 가진 글자이다.

> 전역(全域) : 온전할 전(全)과 지역 역(域)으로, 어느 지역의 전체.
> (예문) 이 영화는 최근 미국 전역에서 동시에 개봉되었다.

力 : 힘 력, 2획 ──────────────── 부수: 力
'힘'이나 '힘쓰다', '일꾼'이라는 뜻을 가진 글자로, 갑골문에 나온 力을 보면 밭을 가는 농기구가 그려져 있었다.

> 효력(效力) : 나타날 효(效)와 힘 력(力)으로, 한 일에 대하여 돌아오는 좋은 결과.
> (예문) 이 약은 통증을 없애는 데에 별로 효력이 없는 것 같다.

#온전함

**독선기신(獨善其身) : 남을 돌보지 않고 자기 한 몸의 처신만을 온전하게 함.**
(예문) 선장은 배가 침몰한 상황에 혼자 살겠다고 독선기신하여 많은 비판을 받았다.

**보신지책(保身之策) : 자기의 몸을 온전히 보전하기 위한 꾀.**
(예문) 아마 보신지책으로나 그랬겠지, 설마 남을 해치려고까지 했을까.

**전수일절(戰守一節) : 절개를 온전히 지킴.**
(예문) 그는 흔들리지 않고 전수일절의 태도로 일을 추진하고 있다.

[[    전심전력, 이럴 때 이렇게    ]]

1. 그녀는 전심전력으로 자신의 꿈을 향해 도전했다.

2. 이것은 그녀가 전심전력으로 만든 작품인 만큼 전시회에서도 가장 큰 호응을 얻었다.

3. 물론 운이 따라 줄 때는 전심전력 뛰어야 하겠지만 그렇지 않을 때는 자중하는 게 최선입니다.

4. 그는 전심전력으로 책을 집필하여, 베스트셀러 작가가 되었다.

5. 농부는 폭우와 가뭄에도 전심전력으로 농사를 짓고 좋은 수확을 거뒀다.

자기를 단련하기 위해
쉬지 않고 노력함을 표현할 때

자강불식
# 自强不息

자강불식(自强不息)에서의 자강(自强)은 스스로 힘쓴다는 의미와 불식(不息)은 쉬지 않는다는 의미를 합쳐 스스로 힘쓰며 쉬지 않는다는 뜻으로 표현되는 말입니다. 이는 자신을 강하게 만들기 위해 끊임없이 노력하고 멈추지 않는다는 자기 발전의 뜻을 담고 있는 말입니다. 현재에 안주하지 않고 더 나은 자신이 되기 위해 노력하는 것이, 중요하다는 의미와 함께 새로운 도전을 두려워하지 않고, 자기 혁신을 통해 발전을 이루어야 한다는 가르침을 주는 말이기도 합니다. 이 성어를 항상 마음에 담아두어 새로운 지식을 배우고, 자기의 능력을 강하게 만들 수 있도록 노력해야 할 것입니다.

〚   한자를 알면 뜻이 보인다   〛

自强不息 : 스스로[自] 강하기[强] 위해 쉬지[息] 않음[不]
스스로를 단련하여 어떤 위기가 닥쳐도 흔들리지 않고 노력하려는 굳은 의지.

**自** : 스스로 자, 6획 ──────────────── 부수: **自**

사람의 코 모양을 본뜬 것으로, 자신을 가리키는 의미에서 '스스로'나 '몸소', '자기'라는 뜻을 가진 글자이다. 지금은 鼻(코 비)가 '코'라는 뜻을 대신하여 쓰이고 있다.

> **자아(自我)** : 스스로 자(自)와 나 아(我)로, 자기 자신에 대한 의식이나 관념.
> [예문] 교육은 우리가 스스로 자아를 발견할 수 있게 도와준다.

**強** : 강할 강, 11획 ──────────────── 부수: **弓**

활 궁(弓)과 비록 수(虽)가 합하여 이루어진 모습이다. 본래 벌레의 종류를 의미했는데, 후에 약한 벌레에 역설적으로 '강하다'는 의미를 부여하게 되어 '강하다', '굳세다', '힘쓰다'라는 뜻을 가지게 되었다.

> **강제(強制)** : 강할 강(強)과 절제할 제(制)로, 마음에 없는 일을 억지로 시키는 일.
> [예문] : 인류는 강제나 속박이 없는 사회를 꿈꾸어 왔다.

**不** : 아닐 불, 4획 ──────────────── 부수: **一**

땅속으로 뿌리를 내린 씨앗을 그린 것으로 아직 싹을 틔우지 못한 상태라는 의미에서 '아니다'나 '못하다', '없다'라는 뜻을 갖게 되었다. 참고로 不자는 '부'나 '불' 두 가지 발음이 서로 혼용된다.

> **부재(不在)** : 아닐 부(不)와 있을 재(在)로, 있지 아니함.
> [예문] 지도층의 관리 능력 부재와 기강의 해이는 국민을 분노케 하였다.

**息** : 쉴 식, 10획 ──────────────── 부수: **心**

스스로 자(自)와 마음 심(心)이 합하여 이루어진 모습이다, 사람의 '코'의 의미인 '自'와 마음(心)을 합해, 숨을 차분하게 쉬면 마음도 차분해진다는 의미에서 '숨 고르다', '쉬다', '호흡하다'는 뜻을 가지게 되었다.

> **여식(女息)** : 여자 녀(女)와 숨쉴 식(息)으로, 여자로 태어난 자식.
> [예문] 여러모로 모자란 제 여식을 예뻐해 주시니 감사할 따름입니다.

## #스스로

**자수성가(自手成家)** : 물려받은 재산이 없이 자기 혼자의 힘으로 집안을 일으킴.

(예문) 자신의 노력으로 모든 걸 이뤄낸 그는 자수성가의 살아있는 전설이다.

**자력갱생(自力更生)** : 스스로의 힘으로 어려운 처지에서 벗어나 살아감.

(예문) 사업에 실패한 그는 자력갱생의 정신으로 재기에 노력하고 있다.

**자승자박(自繩自縛)** : 자신이 한 말과 행동으로 말미암아 자신이 괴로움을 당하게 됨.

(예문) 그녀는 거짓말을 덮기 위해 또 다른 거짓말을 했고, 결국 자승자박에 빠졌다.


〚 자강불식, 이럴 때 이렇게 〛

1. 자강불식의 정신을 바탕으로, 항상 스스로 발전시키려 노력하는 자세를 가져야 합니다.

2. 쉬지 않는 노력으로 성장하는 그녀의 자강불식 정신에는 누구나 본받아야 할 점이 있습니다.

3. 피고 지고 또 피는 무궁화에서 줄기차고 억센 자강불식의 기상을 찾아볼 수 있다.

4. 동시에 존경받는 작가가 되기 위해 끊임없이 공부하고 연구하는 그의 모습은 자강불식의 대표적인 사례라고 할 수 있습니다.

5. 여러 번의 실패 후에도 포기하지 않고 계속 도전하는 그의 자강불식의 정신은 우리 모두에게 큰 교훈이 됩니다.

# 친구

친구를 얻는 유일한 방법은
스스로 완전한 친구가 되는 것이다

친구는 폭풍우 속에서도 나를 지켜주는 든든한 나무와 같습니다.
그 나무는 고요한 숲속에서 언제나 변함없이 그 자리를 지키며,
내가 지치고 힘들 때마다 그 넓은 가지로 나를 감싸 안아줍니다.
삶의 험난한 길을 걸을 때, 그 나무는 언제나 변함없이
내 곁에 서서 나에게 쉼터와 평화로움을 선물합니다.

어렸을 때부터 놀며 자란
옛 친구를 표현할 때

죽마고우

# 竹馬故友

죽마고우(竹馬故友)는 대나무 말을 타고 놀던 오랜 친구라는 뜻으로, 어릴 때 함께 대나무로 만든 말을 타고 즐겁게 놀았던 친구를 의미할 때 표현하는 말입니다. 어린 시절 놀며 자란 옛 친구기 보고 싶을 때가 있습니다. 지금은 뭐 하고 지내고 있을까? 결혼은 했겠지? 서로 바쁘게 살다 보니 연락도 안 되고, 만나지는 못하지만, 소식이라도 들었으면 하는 친구가 누구에게나 있습니다. 어릴 때부터 성인이 될 때까지 관계가 유지된 친구가 있다면 정말 행복한 사람입니다. 친구는 인생에서 중요한 순간마다 함께 해준 사람으로, 그 존재만으로도 큰 위안과 힘이 되는 만큼 죽마고우의 의미를 다시금 마음에 세기길 바랍니다.

[ 한자를 알면 뜻이 보인다 ]

竹馬故友 : 대나무[竹] 말[馬]을 타고 놀던 옛[故] 친구[友]
어릴 때부터 가까이 지내며 자란 친구를 이르는 말.

**竹** : 대나무 죽, 6획 ──────────────── 부수: 竹

'대나무'나 '죽간'이라는 뜻을 가진 글자로, 두 개의 대나무 줄기와 잎사귀가 늘어져 있는 모습을 그린 것이다.

> 죽림(竹林) : 대나무 죽(竹)과 수풀 림(林)으로, 대나무로 이루어진 숲.
> (예문) 한여름에 죽림을 휩쓸고 지나가는 빗소리는 기분을 상쾌하게 해 준다.

**馬** : 말 마, 10획 ──────────────── 부수: 馬

'말'의 모양을 본뜬 모습으로, 갑골문을 보면 말의 특징을 표현하기 위해 큰 눈과 갈기가 함께 그려져 있다.

> 출마(出馬) : 날 출(出)과 말 마(馬)로 선거 따위에 후보로 등록함.
> (예문) 그녀는 이번 선거에 출마를 선언한 후 언론의 집중적인 조명을 받고 있다.

**故** : 연고 고, 9획 ──────────────── 부수: 攵

옛 고(古)와 칠 복(攵)이 합하여 이루어진 모습으로, 古는 아주 오래전에 있었던 이야기를 들려준다는 의미에서 '옛날'이나 '옛일'이라는 뜻을 갖는다.

> 고의(故意) : 연고 고(故)와 뜻 의(意)로, 일부러 하는 행동이나 생각.
> (예문) 그들은 고의적으로 서류를 불태워서 증거를 없앴다.

**友** : 벗 우, 4획 ──────────────── 부수: 又

'벗'이나 '사귀다', '우애가 있다'라는 뜻으로, 又(또 우) 두 개가 같은 방향으로 나란히 놓인 모습이다. 이것은 매우 가까운 벗과 손을 맞잡고 있는 모습을 표현한 것이다.

> 우방(友邦) : 벗 우(友)와 나라 방(邦)으로, 서로 우호적인 관계를 맺고 있는 나라.
> (예문) 국제 관계에서는 오늘의 우방이 내일의 적이 될 수도 있다.

#대나무   #말

**파죽지세(破竹之勢)** : 대나무의 한끝을 갈라 내리 쪼개듯 거침없이 적을 물리치는 기세.

예문 아군은 적군을 이 땅에서 파죽지세로 몰아냈다.

**송죽지절(松竹之節)** : 소나무같이 꼿꼿하고 대나무같이 곧은 절개.

예문 그 정치인은 송죽지절과 같은 성품을 가지고 있다.

**주마간산(走馬看山)** : 말을 타고 달리며 산천을 구경한다는 뜻.

예문 우리는 너무 바빠서 관광지를 주마간산으로 둘러볼 수 밖에 없었다.

[     죽마고우, 이럴 때 이렇게     ]

1. 성빈이와 해창이는 죽마고우로, 어린 시절부터 함께 자랐다.

2. 친구는 자기 애인에게 나를 죽마고우로 소개했다.

3. 서로 다른 당에 소속이 되어있는 두 정치인이 죽마고우라는 사실이 알려져 화제가 되고 있다.

4. 죽마고우였던 그 둘은 품은 뜻이 달라, 서로 원수가 되었다.

5. 그는 소설에서 죽마고우와 함께 성장하는 두 주인공의 이야기를 그렸다.

의리와 신뢰가 두터운
우정을 말하고 싶을 때

### 단금지교
# 斷金之交

단금지교(斷金之交)는 쇠를 끊을 수 있는 교분이라는 뜻으로, 매우 굳고 끊어지지 않을 정도로 견고한 우정을 표현할 때 사용하는 말입니다. 즉 사람 사이의 깊고 강한 우정을 의미하는 말로 쇠를 끊을 만큼 강한 유대감을 가진 친구 관계를 뜻합니다. 서로 마음이 통하여 자주 대화를 나누고 어려운 시기에 함께해 줄 수 있는 친구는, 신뢰와 변치 않는 우정을 중요하게 생각하는 사람입니다. 그만큼 단금지교는 우리의 일상적인 친구 관계에 대해 많은 생각을 하게 만드는 표현입니다. 이 단어를 통해 유대감과 신뢰, 변치 않는 우정을 배우고 인생에서 진정한 친구를 얻는 방법을 생각해 볼 수 있는 시간이 되기를 바랍니다.

〚  한자를 알면 뜻이 보인다  〛

斷金之交 : 쇠[金]라도 자를[斷] 만큼 단단한 교분[交]
친구 사이의 매우 두터운 우정을 말함.

斷 : 끊을 단, 18획 ──────────────── 부수: 斤

이을 계(𢇍)와 도끼 근(斤)이 합하여 이루어진 모습이다. 도끼로 실타래를 자르는
의미에서 '끊다'나 '결단하다'라는 뜻을 가진 글자이다.

> **단연(斷然) : 끊을 단(斷)과 그럴 연(然)으로, 두말할 것도 없이 분명하게.**
> (예문) 개인기로 보나 체력으로 보나 우리 편이 단연 앞선다.

金 : 쇠 금, 8획 ──────────────── 부수: 金

'금속'이나 '화폐'라는 뜻을 가진 글자로 예전에는 금, 은, 동, 석, 철과 같은 다섯 가지
금속을 칭했지만, 이후 다양한 금속이 발견되면서 지금은 모든 금속을 통칭하게 되었다.

> **착수금(着手金) : 붙을 착(着)과 손 수(手), 쇠 금(金)으로, 어떤 일을 시작할 때 먼저**
> **내는 돈**
> (예문) 사건 의뢰인이 변호사에게 착수금을 지급하였다.

之 : 갈 지, 4획 ──────────────── 부수: 丿

갑골문자를 보면 발을 뜻하는 止(발 지)가 그려져 있는데 사람의 발을 그린 것으로
'가다'나 '~의', '~에'와 같은 뜻으로 쓰이는 글자이다.

> **무용지물(無用之物) : 쓸모가 없는 사람이나 물건.**
> (예문) 컴퓨터는 소프트웨어가 없으면 무용지물이다.

交 : 사귈 교, 6획 ──────────────── 부수: 交

본래 사람의 두 발을 교차해서 꺾는 고대의 형벌을 뜻했으나, 후에 서로 교차한다는
의미에서 '사귀다', '교제하다'라는 의미를 갖게 되었다.

> **교섭(交涉) : 사귈 교(交)와 건널 섭(涉)으로, 일을 이루기 위하여 서로 의논하고 절**
> **충함.**
> (예문) 장시간 회의에도 불구하고 끝내 노사 간의 교섭은 결렬되었다.

## #쇠 금

**공적자금(公的資金)** : 정부가 금융기관의 구조 조정을 지원하기 위해 마련한 재정.

예문 정부는 6개의 부실 은행을 선정하여 공적자금을 투입하기로 했다.

**일확천금(一攫千金)** : 힘들이지 않고 단번에 많은 재물을 얻음.

예문 부동산 투기로 일확천금하려는 사람이 점점 많아지고 있다.

**옥곤금우(玉昆金友)** : 옥 같은 형과 금 같은 아우라는 뜻.

예문 그 형제들은 옥곤금우라 할 만큼 우애가 깊다.

〖　단금지교, 이럴 때 이렇게　〗

1. 진정한 친구란, 고난이 닥쳤을 때도 당신을 버리지 않는 '단금지교'의 관계를 유지하는 사람입니다.

2. 그녀와의 '단금지교'는 험난한 시기에 있던 내게 큰 힘이 되었습니다.

3. 삶의 여정에서 단금지교를 만나는 것은, 최고의 복이다.

4. 단금지교의 친구 한 명만 있다면, 보통의 친구 100명도 부럽지 않다.

5. 단금지교는 어떤 순간에서도 함께 웃고, 함께 울 수 있는 관계를 의미합니다.

마음이 잘 맞아
모든 것을 털어놓을 수 있는 친구를 말할 때

막역지우

# 莫逆之友

막역지우(莫逆之友)는 막힘이 없는 친구라는 뜻으로, 아무런 거리낌이나 막힘이 없는 친구를 표현할 때 사용되는 말입니다. 즉 서로 간에 허물없이 아주 친한 친구를 가리키며, 두 사람 사이에 이해와 신뢰가 깊어 어떤 일에도 서로 막힘없이 소통할 수 있는 친구를 의미합니다.

막역지우라는 성어는 우리에게 진정한 우정의 가치와, 소통, 지지와 믿음이라는 친구의 관계를 상기시켜주고 깨달음을 주는 말입니다. 오늘은 진정한 나의 친구에게 깊은 신뢰와 허물없는 소통과 믿음으로, 변함없이 옆에 있어 주어 고맙다고 감사함을 표현하기를 바랍니다.

[　　한자를 알면 뜻이 보인다　　]

莫逆之友 : 서로 거스름[逆]이 없는[莫] 친구[友]

허물이 없이 아주 가까운 친구를 의미함.

**莫** : 없을 막, 10획 —————————————————— 부수: 艹

잡풀 우거질 망(茻)과 해 일(日)이 합하여 이루어진 모습으로, 해가 숲 사이로
사라졌다는 의미에서 '없다', '저물다'라는 뜻을 가지게 되었다.

> **막심(莫甚)** : 없을 막(莫)과 심할 심(甚)으로, 더할 나위 없이 심하다.
> (예문) 충동적으로 그녀에게 고백을 하고 나니 후회가 막심이었다.

**逆** : 거스를 역, 10획 —————————————————— 부수: 辶

쉬엄쉬엄 갈 착(辶)과 거스를 역(屰)이 합해진 모습으로, '거스르다'나 '거역하다'라는
뜻을 가진 글자이다. 屰은 사람을 거꾸로 뒤집은 모습을 그린 것이다.

> **역정(逆情)** : 거스릴 역(逆)과 뜻 정(情)으로, 언짢아서 내는 화.
> (예문) 그 말을 듣자 은호는 얼굴빛이 달라지면서 역정을 내었다.

**之** : 갈 지, 4획 —————————————————— 부수: 丿

사람의 발을 그린 것으로 '가다'나 '~의', '~에'와 같은 뜻으로 쓰이는 글자이다.

> **자격지심(自激之心)** : 자기가 한 일에 대하여 스스로 미흡하게 여기는 마음.
> (예문) 아마 그것은 열등감에서 나오는 자격지심이었을 것이다.

**友** : 벗 우, 4획 —————————————————— 부수: 又

友 '벗'이나 '사귀다', '우애가 있다'라는 뜻으로, 또 우(又) 두 개가 같은 방향으로
나란히 놓인 모습이다. 이것은 매우 가까운 벗과 손을 맞잡고 있는 모습을 표현한
것이다.

> **급우(級友)** : 등급 급(級)과 벗 우(友)로, 같은 학급에서 함께 공부하는 친구.
> (예문) 영진이는 어른들께 예의도 바르고 급우와도 잘 지내는 모범 학생입니다.

#허물

**개과천선**(改過遷善) : 지난날의 허물을 고쳐 착하게 됨.

[예문] 망나니였던 그가 지금은 봉사 활동을 하며 개과천선의 길을 걷고 있다.

**책기지심**(責己之心) : 스스로 제 허물을 꾸짖는 마음.

[예문] 사람이란 책기지심의 마음으로 살아가야 덕을 쌓는 것이다.

**자곡지심**(自曲之心) : 허물이 있는 사람이 스스로 야속하게 여기는 마음.

[예문] 나는 부정행위를 저지르고 자곡지심에 빠져 선생님께 솔직하게 고백하였다.

〖 　막역지우, 이럴 때 이렇게　 〗

1. 옆에 있는 이 사람은 저의 막역지우입니다.

2. 그와는 어려서는 싸움도 많이 하였지만, 뜻이 맞는 유일한 막역지우였다.

3. 서로 다른 성격에도 불구하고 막역지우로 지내며 서로를 돕는 모습이
   인상적이었다.

4. 어려운 시절을 함께 겪은 그들은 이제 막역지우로서 서로를 믿고 의지한다.

5. 같은 위기에서 벗어난 그들은 막역지우로서 오랜 시간 동안 우정을 이어갔다.

## 가장 친한 친구와의
## 우정을 나눌 수 없음을 슬퍼할 때

### 백아절현
# 伯牙絶絃

백아절현(伯牙絶絃)은 백아가 현을 끊어 버렸다는 뜻으로, 중국 춘추시대의 유명한 거문고 연주자 백아(伯牙)가 그의 친구 종자기(鍾子期)의 죽음을 애도하며 거문고의 현을 끊어버렸다는 고사에서 유래하였습니다. 이는 참다운 벗을 잃고 더 이상 그 친구와의 우정을 나눌 수 없음을 슬퍼한다는 의미를 담고 있습니다. 즉 백아절현은 친구의 죽음을 슬퍼할 때 표현하는 말입니다. 소중한 친구를 잃는 것은 매우 큰 슬픔이며, 그런 상실감은 다른 것으로, 쉽게 대체할 수 없는 것입니다. 바쁜 일상 속에서 진정한 우정을 나누기 어려워진 현대인들에게는 백아절현은 우정의 소중함을 일깨워 주는 이야기입니다.

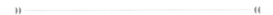

[    한자를 알면 뜻이 보인다    ]

伯牙絶絃 : 백아[伯][牙]가 거문고 줄[絃]을 끊어[絶] 버렸다
자기를 알아주는 참다운 벗의 죽음을 슬퍼함.

## 伯 : 맏 백, 7획      부수: 亻

사람 인(人), 흰 백(白)이 합하여 이루어진 모습이다. '밝게 빛나는 사람'으로 우두머리를 뜻하며, '큰아버지'나, '맏이'라는 뜻도 가지고 있다.

---

**백부(伯父)** : 맏 백(伯)과 아비 부(父)으로, 아버지의 큰형, 큰아버지를 말함.

(예문) 백부께서 돌아가신 후로 우리는 큰댁에 가는 것을 주저하였다.

---

## 牙 : 어금니 아, 4획      부수: 牙

위아래 어금니가 맞닿은 상태를 본뜬 글자로, 주로 '어금니'나 '송곳니'를 뜻하는 글자이다.

---

**아성(牙城)** : 어금니 아(牙)와 성 성(城)으로, 매우 중요한 근거지.

(예문) 이번 선거에서 46세의 중앙 정치 초년생이 정치적 거인의 아성을 무너뜨렸다.

---

## 絕 : 끊을 절, 12획      부수: 糸

가는 실 사(糸)와 칼 도(刀), 꼬리 파(巴)가 합하여 이루어 모습으로, 실타래를 끊는다는 의미에서 '끊다'의 뜻을 갖게 되었다.

---

**절호(絕好)** : 끊을 절(絕)과 좋아할 호(好)로, 어떤 일을 하기에 더할 수 없이 좋음.

(예문) 우리 팀은 이번에야말로 절호의 기회라며 우승을 벼르고 있다.

---

## 絃 : 줄 현, 11획      부수: 糸

가는 실 사(糸)와 검을 현(玄)이 합하여 이루어진 모습으로, 음악을 연주하는 악기의 줄을 의미하여 '줄'이나 '끈', '현악기'라는 뜻을 가진 글자가 되었다.

---

**현악(絃樂)** : 악기 줄 현(絃)과 풍류 악(樂)으로, 현악기로 연주하는 음악.

(예문) 바이올린, 비올라, 첼로의 현악 삼중주 공연이 펼쳐졌다.

---

#죽음

**비명횡사**(非命橫死) : 뜻밖의 재난이나 사고로 허망하게 죽음.

(예문) 그는 고향에 다녀오는 길에 교통사고를 당하여 비명횡사하였다.

**토사호비**(兎死狐悲) : 토끼가 죽으니 여우가 슬퍼한다는 뜻.

(예문) 팀장님의 갑작스런 죽음에 우리 팀원들은 토사호비의 마음이었다.

**인금구망**(人琴俱亡) : 친구의 죽음을 몹시 슬퍼함을 비유적으로 이르는 말.

(예문) 사고로 사망한 친구 현식이의 죽음에 인금구망의 마음뿐이었다.

[　　백아절현, 이럴 때 이렇게　　]

1. 그들의 오랜 우정은 결국 백아절현처럼 슬픈 이별로 끝이 났다.

2. 이 영화는 백아절현 같은 우정을 그린 작품으로 평론가들의 찬사를 받았다.

3. 네가 없으면 나도 백아절현처럼 이 세상을 살아갈 의미가 없어질 것 같아

4. 이 소설은 백아절현 같은 두 친구의 우정과 이별을 아름답게 그려내고 있다.

5. 20년을 함께 한 동지를 잃은 그녀는 하루하루를 백아절현의 심정으로 보내고 있다.

민음과 신뢰로
우정을 쌓은 친구를 표현할 때

교우이신

# 交友以信

교우이신(交友以信)은 친구를 사귈 때 신의를 바탕으로 한다는 뜻으로, 친구 관계에서 서로 신뢰와 믿음을 가지고 사귄다는 의미로 표현할 때 사용되는 말입니다. 우정이란 무엇일까요? 단지 거리낌이 없고 편안한 사이를 말하는 것일까요? 우리가 다른 사람과 관계를 맺을 때, 신뢰는 그 관계의 기초가 됩니다. 아무리 즐겁고, 이익이 있는 사귐이라도 신뢰 없는 관계는 불안정하고 오래 지속되기 어렵습니다. 교우이신이라는 한자성어는 친구를 사귈 때 단순한 즐거움이나 이익에 기반을 두는 것이 아니라, 진정한 신뢰와 이해에 기반을 두어야 함을 일깨워줍니다.

〔 **한자를 알면 뜻이 보인다** 〕

交友以信 : 벗[友]을 믿음[信]으로써[以] 사귐[交]
세속오계 중의 하나로 벗을 사귐에 믿음으로써 사귄다.

116

交 : 사귈 교, 6획 ─────────────────────── 부수: 亠

본래 사람의 두 발을 교차해서 꺾는 고대의 형벌을 뜻했으나, 후에 서로 교차한다는
의미에서 '사귀다', '교제하다'라는 의미를 갖게 되었다.

> **교류(交流)** : 사귈 교(交)과 흐를 류(流)로, 문화 · 사상 따위가 서로 통함
> (예문) 김 교수는 이산가족 상봉과 물자 교류를 통한 단계적 통일론을 주장했다.

友 : 벗 우, 4획 ─────────────────────── 부수: 亠

'벗'이나 '사귀다', '우애가 있다'라는 뜻으로, 又(또 우) 두 개가 같은 방향으로 나란히
놓인 모습이다. 이것은 매우 가까운 벗과 손을 맞잡고 있는 모습을 표현한 것이다.

> **우호(友好)** : 벗 우(友)와 좋아할 호(好)로, 개인이나 국가 간에 서로 친하고 사이가
> 좋음.
> (예문) 국가적인 기밀은 적국뿐만 아니라 우호 관계에 있는 국가에도 유출되어서는
> 안 된다.

以 : 써 이, 5획 ─────────────────────── 부수: 人

'~로써'나 '~에 따라'와 같은 뜻으로 쓰이는 글자로, 사람 인(人)이 부수로 지정되어
있지만, 사람과는 아무 관계가 없다.

> **이내(以內)** : 써 이(以)와 안 내(內)로, 일정한 한도의 안.
> (예문) 상위 4% 이내에 들어야 내신 1등급을 받을 수 있다.

信 : 믿을 신, 9획 ─────────────────────── 부수: 亻

사람 인(人)과 말씀 언(言)이 합하여 이루어진 모습이다. 사람을 믿을 때는 먼저 말을
평가하게 되므로, '믿다', '신임하다'라는 뜻을 갖게 되었다.

> **여신(與信)** : 줄 여(與)와 믿을 신(信)으로, 금융기관에서 고객에게 돈을 빌려주는
> 일.
> (예문) 우리 회사는 올해 주거래 은행으로부터 50억 원의 여신을 제공받기로 하였
> 다.

## #세속오계

사군이충(事君以忠) : 충성으로써 임금을 섬긴다.
사친이효(事親以孝) : 어버이 섬기기를 효도로써 함을 이른다.
교우이신(交友以信) : 벗을 사귐에 믿음으로써 사귄다.
임전무퇴(臨戰無退) : 전쟁에 나아가서 물러서지 않음을 이른다.
살생유택(殺生有擇) : 살생을 함부로 하지 말고 가려서 해야 함을 이른다.

〚 교우이신, 이럴 때 이렇게 〛

1. 그녀는 교우이신의 중요성을 깨닫고, 항상 친구들에게 믿음을 주려고
   노력했습니다.

2. 그들은 교우이신의 원칙에 따라 서로에게 진실하고 성실하게 대하며, 오랜 시간
   동안 두터운 우정을 이어갔습니다.

3. 교우이신을 생활 속에서 실천하면, 인생의 여러 관계에서도 더 나은 결과를
   얻을 수 있습니다.

4. 교우이신이라는 가치를 전달하려고 학교에서는 동아리 활동을 적극적으로
   추진했습니다.

5. 그는 교우이신을 실천하며, 직장에서 동료들과 믿음을 기반으로 한 협력 관계를
   구축했습니다.

서로 떨어질 수 없는
필연적 관계의 친구를 표현할 때

## 수어지교

# 水魚之交

수어지교(水魚之交)는 물과 물고기의 사귐이라는 뜻으로, 물고기가 물을 떠나서 살 수 없듯이, 서로 떨어질 수 없는 매우 친밀한 관계를 표현할 때 사용되는 말입니다. 즉 서로에게 없어서는 안 될 존재로, 항상 함께하고 서로를 필요로 하는 관계를 의미합니다. 우리는 일상에서 수많은 사람을 만나고 헤어지지만, 그중 수어지교라 표현할 수 있는 인간관계는 얼마나 될까요? 십 년을 함께한 친구라도 이해관계가 달라지면, 언제든 배신하고 갈라질 수 있습니다. 천륜을 저버리거나 인생에서 소중한 관계도 쉽게 버리는 요즘 사람들의 경솔함과 무지함을 깨닫게 해주는 한자성어가 바로 수어지교라 할 수 있습니다.

[　　한자를 알면 뜻이 보인다　　]

水魚之交 : 물[水]과 물고기[魚]의[之] 사귐[交]
서로 떨어질 수 없는 매우 친밀한 사이.

## 水 : 물 수, 4획 ──────────── 부수: 水

'물'이나 '강물', '액체'라는 뜻을 가진 글자이다. 글자 모양 가운데의 물줄기와 양쪽의 흘러가는 모습을 본뜬 글자로 물과 관련된 상태나 동작과 관련된 의미로 사용한다.

> **폐수(廢水)** : 폐할 폐(廢)와 물 수(水)로, 화학 물질 따위로 더럽혀져 못 쓰게 된 물.
> (예문) 상수원 보호 구역에는 폐수 정화 시설을 설치해야 한다.

## 魚 : 물고기 어, 11획 ──────────── 부수: 魚

칼도 도(⺈), 밭 전(田), 연화발 화(灬)가 합하여 이루어진 모습으로, 물고기를 본뜬 것으로 '물고기'라는 뜻을 가진 글자이다.

> **어종(魚種)** : 물고기 어(魚)와 씨 종(種)으로, 물고기의 종류.
> (예문) 오징어는 동해에서 잡히는 주요 어종이다.

## 之 : 갈 지, 4획 ──────────── 부수: 丿

사람의 발을 그린 것으로 '가다'나 '~의', '~에'와 같은 뜻으로 쓰이는 글자이다.

> **궁여지책(窮餘之策)** : 매우 궁색한 나머지 내는 꾀.
> (예문) 대기업 규제에 대한 정부의 조치는 다분히 여론을 의식한 궁여지책의 느낌이 짙다.

## 交 : 사귈 교, 6획 ──────────── 부수: 亠

본래 사람의 두 발을 교차해서 꺾는 모양을 나타낸 것으로, 고대 형벌의 한가지였는데, 후에 서로 교차한다는 의미에서 '사귀다'는 의미로 파생되었다.

> **교부(交付)** : 사귈 교(交)와 줄 부(付)로, 무엇을 내줌.
> (예문) 우리 부서에서는 의료 보험증 교부 및 피보험자의 민원 접수 업무를 맡고 있다.

## #물고기

**어두일미(魚頭一味)** : 물고기는 머리 쪽이 맛이 있다는 말.

예문 아버지는 늘 어두일미라고 말하며 생선의 머리 부분만 드신다.

---

**연목구어(緣木求魚)** : 나무에 올라 물고기를 구한다는 뜻으로 불가능한 일을 말함.

예문 실업자가 늘고 있는 상황에서 소비 심리가 개선되기를 바라는 것은 연목구어나
마찬가지다.

---

**지어농조(池魚籠鳥)** :못 속의 고기나 새장 속의 새라는 뜻으로 자유롭지 못함을 뜻함.

예문 정치적인 이유로 가택에 연금되어 지어농조처럼 살면서 오히려 많은 책을 읽을 수
있었다.


[    수어지교, 이럴 때 이렇게    ]


1. 그들의 우정은 수어지교와 같아서 어디에 가든 서로를 찾게 된다.

2. 드라마에서 주인공들이 수어지교 같은 사이로 발전하며 이야기가 전개되었다.

3. 뉴스에서는 정치인 두 사람이 수어지교 관계로 함께 일하며 국민에게 큰 성과를
   가져다주었다고 전했다.

4. 어떤 어려운 상황에서도 그들은 수어지교처럼 서로 의지하며 지낼 수 있었다.

5. 영화에서 경찰과 검사는 수어지교의 관계를 맺고 범죄를 해결했다.

서로 눈만 바라봐도
속마음을 알아주는 친구를 말할 때

지기지우

# 知己之友

지기지우(知己之友)는 자기를 알아주는 친구라는 뜻으로, 자신의 내면과 본질을 깊이 이해하고 공감해주는 친구를 의미할 때 표현되는 말입니다. 즉 서로의 생각과 마음을 깊이 이해하고 공감하며, 진정한 우정으로 맺어진 친구를 의미합니다. 단순히 오랜 시간을 함께하거나 친밀한 관계를 유지하는 것을 넘어, 영혼의 깊은 곳까지, 서로를 이해하고 지지하며 격려하는 특별한 관계를 말합니다. 이 관계는 서로의 말과 행동뿐 아니라, 말에 담긴 진심과 행동 뒤에 숨겨진 의도까지도 깊이 이해하고 공감합니다. 겉모습만 보고 판단하거나 오해하지 않고, 진정한 나를 있는 그대로 받아들이고 지지해주는 친구를 다시금 생각하는 말입니다.

[ 한자를 알면 뜻이 보인다 ]

知己之友 : 자기를[己] 알아주는[知] 친구[友]
자기의 가치나 속마음을 잘 알아주는 친구.

**知** : 알 지, 8획 ——————————————————————————— 부수: 矢

화살 시(矢)와 입 구(口)가 합하여 이루어진 모습으로, '알다'나 '나타내다'라는 뜻을
가진 글자이다. 아는 것을 입으로 말하는 것이 화살처럼 빠르다는 의미에서 '알다'는
의미 생성되었다.

> **지각(知覺)** : 알 지(知)와 깨달을 각(覺)으로, 알아서 깨달음.
> (예문) 그는 지각이 없는 사람으로 정평이 나 있다.

**己** : 몸 기, 11획 ——————————————————————————— 부수: 己

'몸'이나 '자기'라는 뜻을 가진 글자로 여기서 말하는 '몸'이란 '나 자신'을 뜻한다.

> **자기애(自己愛)** : 스스로 자(自)와 몸 기(己), 사랑 애(愛)로, 자기의 가치를 높이려는
> 마음.
> (예문) 그녀는 커 가면서 자기애에 함몰된 내성적인 사람으로 변했다.

**之** : 갈 지, 4획 ——————————————————————————— 부수: 丿

사람의 발을 그린 것으로 '가다'나 '~의', '~에'와 같은 뜻으로 쓰이는 글자이다.

> **격세지감(隔世之感)** : 오래지 않은 동안에 상당히 많이 달라져서 전혀 다른 세상이
> 된 느낌.
> (예문) 기술이 발전하면서 세상이 너무 빨리 변해서 격세지감을 느낀다.

**友** : 벗 우, 4획 ——————————————————————————— 부수: 又

'벗'이나 '사귀다', '우애가 있다'라는 뜻으로, 又(또 우) 두 개가 같은 방향으로 나란히
놓인 모습이다. 이것은 매우 가까운 벗과 손을 맞잡고 있는 모습을 표현한 것이다.

> **우방국(友邦國)** : 벗 우(友)와 나라 방(邦), 나라 국(國)으로, 우호적인 관계를 맺고
> 있는 나라.
> (예문) 우리나라는 우방국들과 긴밀한 협조 관계를 유지하고 있다.

#진심

**외유내강**(外柔內剛) : 겉은 부드러우나 속은 곧고 꿋꿋함.

예문 그녀는 자신의 주장을 끝까지 관철시키는 **외유내강**의 인물이다.

**취중진담**(醉中眞談) : 술에 취한 동안 털어놓는 속마음.

예문 그녀는 **취중진담**으로 나를 좋아한다고 고백했는데, 무척 당황스러웠다.

**경균도름**(傾  倒  ) : 속에 품은 생각을 숨김없이 드러내어 말함.

예문 용호와 나는 서로 **경균도름**하며 쌓였던 오해를 풀 수 있었다.

〚   지기지우, 이럴 때 이렇게   〛

1. 그들은 어린 시절부터 함께 자라며 지기지우가 되었다.

2. 김 대리와 이 부장은 회사에서 지기지우로 알려져 있다.

3. 정치인들 중에는 서로 이념은 다르지만, 지기지우로 지내는 사람들이 있다.

4. 은진이와 나는 서로의 마음을 잘 헤아리는 지기지우이다.

5. 선수들 사이에서도 이기적이지 않고 서로 돕는 지기지우 관계가 중요하다.

여섯째 마당

# 인간관계

인간관계는 서로 공유되는
경험과 감정을 통해 가까워진다.

·

인간관계는 마치 두 나무가 뿌리를 얽히게 하듯,
함께 나눈 경험과 감정의 비옥한 토양에서 튼튼하게 자라게 하며,
서로의 희로애락이 시간의 바람에 의해 겹겹이 쌓일 때,
단단한 관계의 나이테를 형성합니다.

같이 고생하고 같이 즐겁게 보내는
관계를 표현할 때

동고동락

# 同苦同樂

동고동락(同苦同樂)은 함께 괴로움을 겪고 함께 즐거움을 나눈다는 뜻으로, 괴로울 때나 즐거울 때나 항상 함께하며 도와주는 관계를 의미할 때 표현하는 말입니다. 즉 어려움에 직면했을 때 서로를 믿고 지지하며 격려하는 진정한 동료애나 친구의 우정을 뜻하는 말입니다. 또한 동고동락은 개인의 이익보다는 공동의 이익을 우선하고, 서로 협력하며 문제를 해결하려는 공동체 의식을 의미하기도 합니다. 인생은 고난과 즐거움이 항상 공존합니다. 이럴 때 함께 하는 동료나, 친구가 있는 것만으로도 삶은 행복하고 가치가 있는 것입니다.

[      한자를 알면 뜻이 보인다      ]

同苦同樂 : 괴로움[苦]과 즐거움[樂]을 함께[同]한다
괴로울 때나 즐거울 때나 항상 함께하는 벗이나 동료.

**同** : 한가지 동, 6획 ─────────────────────────── 부수: 口

무릇 범(凡)과 입 구(口)가 합하여 이루어진 모습으로, '한 가지'나 '같다', '함께'라는 뜻을 가진 글자이다.

> **동료(同僚)** : 한가지 동(同)과 동료 료(僚)로, 같은 직장 동아리에서 함께 일하는 사람.
> (예문) 그는 동료와 술잔을 기울이며 그날의 피로를 풀었다.

**苦** : 쓸 고, 8획 ─────────────────────────── 부수: ⧾

풀 초(⧾)와 옛 고(古)가 합하여 이루어진 모습으로, '쓰다'나 '괴롭다'라는 뜻을 가진 글자이다.

> **고통(苦痛)** : 쓸 고(苦)와 아플 통(痛)으로, 몸이나 마음의 괴로움과 아픔
> (예문) 신발이 발에 꽉 끼어서 걸을 때마다 발이 고통스러웠다.

**同** : 한가지 동, 6획 ─────────────────────────── 부수: 口

무릇 범(凡)과 입 구(口)가 합하여 이루어진 모습으로, '한 가지'나 '같다', '함께'라는 뜻을 가진 글자이다.

> **동의(同意)** : 한가지 동(同)과 뜻 의(意)로, 다른 사람의 행위를 승인하거나 시인함.
> (예문) 상대편 사람들에게 동의를 구해야 한다.

**樂** : 즐거울 락(낙), 15획 ─────────────────────── 부수: 木

갑골문자를 보면 나무 목(木)과 실 사(絲)가 합해진 모습이며, 이것은 거문고처럼 실을 퉁겨 소리를 내는 악기와 줄을 표현한 것이다. '음악'이나 '즐겁다'라는 뜻을 가진 글자이다.

> **악사(樂士)** : 풍류 악(樂)과 선비 사(士)로, 악기로 음악을 연주하는 사람.
> (예문) 마을에 떠돌이 악사가 와서 사람들이 구경을 갔다.

#즐거움

**낙위지사(樂爲之事)** : 즐거워서 하는 일.

예문 상호는 어려운 이웃을 도와주는 것을 낙위지사라 생각하고 열심히 한다.

**실가지락(室家之樂)** : 정다운 부부 사이에서 생기는 즐거움

예문 남편과 아내가 서로 이해하고 존중하니 길가지락이 저절로 생겼다.

**희비애환(喜悲哀歡)** : 기쁨과 슬픔과 애처로움과 즐거움.

예문 그 영화에는 삶의 희비애환이 잘 드러나 있다.

〖　　동고동락, 이럴 때 이렇게　　〗

1. 그 신부는 생활이 어려운 노동자들과 동고동락 해 왔다.

2. 그들은 생도 시절 엄격한 훈련과 교육을 받으며 동고동락의 우정을 쌓았다.

3. 영화를 찍는 동안 나는 스튜디오에서 거의 매일같이 연기자들과 동고동락했다.

4. 회사의 동료들과 함께 동고동락하며 프로젝트를 완성한 것에 큰 의미를 두었다.

5. 그 부부는 평생의 동반자로서 오십여 년을 동고동락했다.

오래 알고 지내 온 사이지만
마음이나 정이 없는 관계일 때

백두여신

# 白頭如新

백두여신(白頭如新)은 머리가 하얗게 될 때까지 사귀었지만, 여전히 새롭다는 뜻으로, 오랜 시간 알고 지내지만, 여전히 친밀하지 않고 서로에 대해 잘 모르는 관계를 표현할 때 사용하는 말입니다. 즉, 오랫동안 알고 지낸 사이지만 서로 깊이 알지 못하는, 겉으로만 알고 있는 관계라는 뜻입니다. 우리는 수많은 사람과의 관계 속에서 세상을 살아갑니다. 관계라는 것이 친구 이상의 관계도 존재하지만, 백두여신과 같은 관계가 더 많이 존재할 것입니다. 그러나 겉으로만 알고 지내는 관계보다는 서로의 내면을 이해하고 깊이 소통하는 관계를 형성하는 것이, 중요함을 일깨워주는 표현이라 할 수 있습니다.

[      한자를 알면 뜻이 보인다      ]

白頭如新 : 흰[白] 머리[頭]가 새것[新]과 같다[如]
백발이 다 되도록 서로 마음을 알지 못하면 새로 사귄 사람이나 다름이 없다.

129

白 : 흰 백, 5획 ——————————————————————————— 부수: 白

'희다'나 '깨끗하다', '진솔하다'라는 뜻을 가진 글자이며 촛불을 그린 것으로 해석한다.
촛불의 심지와 밝게 빛나는 불빛을 표현한 것이다. 그래서 白은 '밝다'나 '빛나다'라는
뜻을 갖게 되었다.

> 공백(空白) : 빌 공(空)과 흰 백(白)으로, 아무것도 없이 비어 있음.
> [예문] 감독은 부상을 당한 주전 선수의 공백을 메울 인재를 물색 중이다.

頭 : 머리 두, 16획 ——————————————————————————— 부수: 頁

콩 두(豆)와 머리 혈(頁)이 합하여 이루어진 모습으로, '머리'나 '꼭대기', '처음'이라는
뜻을 가진 글자이다.

> 가두(街頭) : 거리 가(街)와 머리 두(頭)로, 사람과 차가 많이 다니는 번화한 거리.
> [예문] 여성 단체 연합은 이번 주말에 성차별 해소를 위한 가두 캠페인을 벌일 예정
> 이다.

如 : 같을 여, 6획 ——————————————————————————— 부수: 女

여자 여(女)와 입 구(口)가 합하여 이루어진 모습으로, 여자의 입에서 나온 말은 대개
비슷하다는 의미에서 '같게 하다'나 '따르다'라는 뜻을 가지게 되었다.

> 결여(缺如) : 이지러질 결(缺)과 같을 여(如)로, 갖추어져야 할 것이 빠져서 없거나
> 모자람.
> [예문] 머리가 좋아도, 공부의지가 결여되어 있으면 좋은 성적을 거둘 수 없다.

新 : 새 신, 13획 ——————————————————————————— 부수: 斤

매울 신(辛), 나무 목(木), 도끼 근(斤)이 합해진 모습으로 나무를 도끼로 찍어 다듬는
모양에서 '새로운 재목'의 의미가 생성되어 '새로운'이나 '새롭게'라는 뜻을 가지게
되었다.

> 갱신(更新) : 다시 갱(更)과 새 신(新)으로, 유효기간이 만료되었을 때, 그 기간을 연
> 장함.
> [예문] 나는 만료된 여권의 갱신을 위해 구청을 방문했다.

#백발노인

**파파노인(皤皤老人) : 머리털이 하얗게 센 노인.**
예문 어머니는 파파노인 한 분을 모시고 집으로 돌아오셨다.

**백발홍안(白髮紅顏) : 나이는 많지만, 아직 젊은 모습을 가지고 있는 사람.**
예문 아버지는 백발홍안의 모습을 유지하기 위해 늘 관리하고 다니신다.

**호호백발(皓皓白髮) : 온통 하얗게 센 머리털.**
예문 오늘 할아버지의 팔순 잔치에서 호호백발의 모습이 인상적이었다.

〖    백두여신, 이럴 때 이렇게    〗

1. 우리는 많은 시간을 같이 보내고 있지만 백두여신이라고 할 만큼 아직 서먹하다.

2. 아무리 오래 사귄 친구라도 서로 간 이해와 사랑이 없다면 백두여신 친구일 뿐이다.

3. 결혼한 지 10년이 되었지만, 우리 부부는 백두여신과 같은 마음으로 살고 있다.

4. 인간관계에 있어서 백두여신과 같은 관계는 멀리하는 것이 좋을 듯하다.

5. 인스타그램, 페이스북, SNS 등에서 만나는 친구들은 백두여신의 관계일 뿐이다.

목적을 위해서라면
수단과 방법을 가리지 않는 관계일 때

권모술수

# 權謀術數

권모술수(權謀術數)는 권모와 술수를 합한 말로, 권모는 '꾀를 부림'이고, 술수는 '술책과 계략'을 의미합니다. 따라서 권모술수는 목적을 달성하기 위해 온갖 꾀와 수단을 가리지 않는 교활한 술책이나 책략을 표현할 때 사용되는 말입니다. 우리의 인간관계도 권모술수와 같은, 꾀나 수단의 관계가 존재합니다. 사람들 사이의 신뢰는 한 번 무너지면 회복이 어렵듯이, 권모술수를 쓰지 않고도 신뢰를 통해 진정성 있는 인간관계가 형성되어야 합니다. 권모술수를 통해 얻은 이익은 일시적일 수 있으나, 인간관계에서의 신뢰와 존경을 얻는 것은, 더 큰 가치를 얻게 된다는 것을 명심해야 할 것입니다.

[ 한자를 알면 뜻이 보인다 ]

權謀術數 : 권세[權]를 꾀[謀]하기 위한 꾀[術]나 셈[數]
목적 달성을 위하여 수단과 방법을 가리지 아니하는 온갖 모략이나 술책.

**權** : 권세 권, 21획 ──────────────────── 부수: 木

나무 목(木)과 황새 관(雚)이 합하여 이루어진 모습으로, '권세'나 '권력', '권한'이라는
뜻을 가진 글자이다. 본래 저울추의 의미로 만든 글자였으며, 저울질을 할 수 있는 힘을
지녔다는 의미에서 '권력'의 의미로 파생되었다.

> **인권(人權)** : 사람 인(人)과 권세 권(權)으로, 인간으로서 당연히 갖는 기본적 권리.
> (예문) 개인의 인권이 무시되는 사회는 더이상 발전이 없는 사회이다.

**謀** : 꾀 모, 16획 ──────────────────── 부수: 言

말씀 언(言)과 아무 모(某)가 합하여 이루어진 모습으로, 헤아려 논의해서 도모한다는
의미에서 '꾀'나 '계책'이라는 뜻을 가진 글자가 되었다.

> **모함(謀陷)** : 꾀할 모(謀)와 빠질 함(陷)으로, 나쁜 꾀를 써서 남을 어려움에 빠뜨림.
> (예문) 나는 억울하게도 모함을 받아 직장을 잃었다.

**術** : 재주 술, 11획 ──────────────────── 부수: 行

다닐 행(行)과 차조 출(朮)이 합하여 이루어진 모습으로, 사거리에서 사람이 재주를
보이는 모양에서 '꾀'나 '재주', '수단'이라는 뜻을 가진 글자가 되었다.

> **화술(話術)** : 말할 화(話)와 꾀 술(術)로, 생각이나 주장을 말로 잘 표현하는 기술.
> (예문) 영호는 유창한 화술로 청중들의 관심을 끌었다.

**數** : 셈 수, 15획 ──────────────────── 부수: 數

끌 누(婁)와 칠 복(攵)이 합하여 이루어진 모습으로, 여자가 상자 안의 물건을
따져본다는 의미에서 '세다'나 '계산하다', '헤아리다'라는 뜻을 가진 글자가 되었다.

> **변수(變數)** : 변할 변(變)과 셀 수(數)로, 어떤 정세나 상황의 가변적 요인.
> (예문) 한반도 인구 정책에서 통일은 큰 변수가 될 것이다.

#모략   #계략

**중상모략(中傷謀略) :** 근거 없는 말로 남을 헐뜯어 명예나 지위를 손상시키는 모략.

[예문] 중상모략은 정신적인 폭력과 다름없다.

**기모비계(奇謀秘計) :** 기묘한 꾀와 남이 알 수 없는 계략.

[예문] 그 전쟁에서 승리할 수 있었던 요인은 기모비계의 계략 때문이었다.

**허허실실(虛虛實實) :** 상대방의 허점을 찌르고 실리를 얻는 계략.

[예문] 사장님은 어려운 문제를, 때로는 허허실실로 내버려 둠으로써 타개해 나갔다.

〖   권모술수, 이럴 때 이렇게   〗

1. 정치인들은 권모술수를 동원해 서로를 견제하려는 모습을 보였다.

2. 권모술수에 의존하여 얻은 성공은 덕이 없기에 오래가지 못한다.

3. 정치가는 권모술수를 통해 권력에 이를 수는 있으나, 덕이 없다면 결코 훌륭한 지도자가 될 수 없다.

4. 그들은 권모술수를 동원해 상대방의 약점을 파고들었지만, 도덕적으로 비난받는 결과를 감수해야 했다.

5. 권모술수가 판치고 진실함이라고는 찾아볼 수 없는 이곳의 생활이 나에게는 너무 힘들었다.

뜻을 같이할 수 없음에도
목적을 위해 협력해야 하는 관계일 때

# 吳越同舟

오월동주(鳴越同舟)는 오나라 사람과 월나라 사람이 같은 배를 타고 있다는 뜻으로, 서로 원수지간이거나 사이가 좋지 않은 사람들이 같은 어려운 상황에 있을 때, 협력해야 하는 상황을 표현할 때 사용하는 성어입니다. 이 성어는 오나라와 월나라는 서로 적대적인 관계였지만, 한배에 타고 있을 때 폭풍을 만나 협력할 수밖에 없었다는 이야기에서 비롯되었습니다. 우리는 적대적인 관계일지라도 어쩔 수 없이 협력해야 하는 상황이 언제든지 발생할 수 있습니다. 서로 적대적이거나 경쟁적인 관계에 있는 사람이나 집단이 공동의 목표를 위해 협력해야 할 때, 협력과 융통성을 가지고 함께 노력하면 더 큰 일도 이룰 수 있다는 의미를 담고 있습니다.

[    한자를 알면 뜻이 보인다    ]

吳越同舟 : 오[吳]나라 사람과 월[越]나라 사람이 한[同]배[舟]에 타다
서로 나쁜 관계에 있는 사람들이 같은 처지에 놓여 어쩔 수 없이 협력해야 하는 상황.

**吳** : 성씨 오, 7획 ——————————————————————— 부수: 口

입 구(口)와 머리 기울 열(夨)로 이루어진 글자로, 머리에 쓰개를 쓰고 미친 듯이 춤추는 모양을 본뜬 모습이다.

> **오수유(吳茱萸)** : 성씨 오(吳)와 수유 수(茱), 수유 유(萸)로, 운향과에 속하는 낙엽 소교목.
>
> (예문) 오수유정향차는 몸이 찬 사람에게 효과가 좋다고 한다.

**越** : 넘을 월, 12획 ——————————————————————— 부수: 走

달릴 주(走)와 도끼 월(戉)이 합하여 이루어진 모습으로, 앞질러 건넌다는 의미에서 '넘다'나 '초과하다'라는 뜻을 가진 글자가 되었다.

> **월권(越權)** : 넘을 월(越)과 권세 권(權)으로, 자기 권한 밖의 일에 관여함.
>
> (예문) 다른 부서 사람들에게 함부로 지시를 내리는 것은 월권행위다.

**同** : 한가지 동, 6획 ——————————————————————— 부수: 口

무릇 범(凡)과 입 구(口)가 합하여 이루어진 모습으로, '한 가지'나 '같다', '함께'라는 뜻을 가진 글자이다.

> **동지(同志)** : 한가지 동(同)과 뜻 지(志)로, 목적이나 뜻을 같이하여 의지가 투철한 사람.
>
> (예문) 어려운 일을 함께 겪으면서 그와 나는 동지가 되었다.

**舟** : 배 주, 6획 ——————————————————————— 부수: 舟

'배'나 '선박'이라는 뜻을 가진 글자로, 1~2명만이 탑승할 수 있었던 조그만 배를 그린 것이다.

> **방주(方舟)** : 본뜰 방(方)과 배 주(舟)로, 네모반듯한 모양으로 만든 배.
>
> (예문) 많은 탐험대와 학술 조사단이 고대에 만들어졌던 방주를 찾아 헤매었다.

#서로 도움

**상부상조**(相扶相助) : 서로서로 도움.

[예문] 상부상조의 미덕을 발휘하여 불우이웃 돕기 행사에 참여합시다.

**상호부조**(相互扶助) : 서로 돕는 일.

[예문] 현대 사회의 사람들은 상호부조의 정신을 잃어 가고 있다.

**동심동력**(同心同力) : 마음을 같이하여 힘을 합침.

[예문] 우리는 농촌을 방문하여 동심동력하여 일손을 도왔다.

〖　오월동주, 이럴 때 이렇게　〗

1. 두 정치인은 당이 다르지만, 교육정책에 있어서는 한뜻으로 오월동주하고 있다.

2. 미국과 중국은 공동의 이익을 위해 오월동주 하기로 했다.

3. 두 축구팀 감독이 팀의 명예를 되찾기 위해 오월동주 하여 훈련에 나선다.

4. 민주주의를 지키기 위해 여야 의원들이 오월동주 하여 법안 통과를 위한 논의에 착수했다.

5. 두 나라의 외교관들이 국제회의에서 공동의 이익을 위해 오월동주 하여 협력했다.

나쁜 사람을 가까이하여
나쁜 버릇에 물들기 쉬운 관계일 때

근묵자흑

# 近墨者黑

근묵자흑(近墨者黑)은 먹을 가까이하는 사람은 검어진다는 뜻으로, 환경이나 주변 사람의 영향을 받아 사람이 변할 수 있음을 의미할 때 표현되는 말입니다. 우리는 인간관계에서 어떤 사람을 만나느냐에 따라 나의 가치관과 모습이 변화되고 달라질 수 있음을 경험합니다. '향기로운 꽃에 가까이 가면 향기가 묻어나고, 퀴퀴한 풀에 가까이 가면 냄새가 묻는다'라는 말이 있듯이 좋은 환경에서 좋은 사람을 만나면 향기로운 사람이 되는 것입니다. 사람과의 관계에서 주변 환경에 주의하고 좋은 사람들과 어울리고, 좋지 않은 사람들과는 거리를 두어 자신을 성장시킬 수 있는 환경을 만들라는 근묵자흑의 가르침입니다.

[     한자를 알면 뜻이 보인다     ]

近墨者黑 : 먹[墨]을 가까이[近]하는 사람[者]은 검어지기[黑] 쉽다
나쁜 사람과 가까이 하면, 나쁜 버릇에 물들기 쉬워진다.

**近** : 가까울 근, 8획 ─────────────────── 부수: 辶

쉬엄쉬엄 갈 착(辶)과 도끼 근(斤)이 합하여 이루어진 모습으로, 거리가 가깝다는 의미에서 '가깝다'나 '비슷하다', '근처'라는 뜻을 가진 글자가 되었다.

> **측근(側近)** : 곁 측(側)과 가까울 근(近)으로, 곁의 가까운 곳 또는 가까이 모시는 사람.
> [예문] 그 정치인은 때를 기다리며 자신의 측근들을 곳곳에 심어두었다.

**墨** : 먹 묵, 14획 ─────────────────── 부수: 土

검을 흑(黑)과 흙 토(土)가 합하여 이루어진 모습이다. 黑은 아궁이에 생기는 그을음을 본뜬 것으로, '검다'라는 뜻을 가지고 있으며, 그을음을 흙(土)에 섞어 휘저은 것이니, '먹'이라는 뜻을 가지게 되었다.

> **묵화(墨畫)** : 먹 묵(墨)과 그림 화(畫)로, 먹이나 먹물을 이용하여 그린 그림.
> [예문] 그는 조용한 밤에 묵화를 그리며 마음의 평온을 찾았다.

**者** : 놈 자, 9획 ─────────────────── 부수: 耂

늙을 노(耂)와 흰 백(白)이 합하여 이루어진 모습으로, '놈'이나 '사람'이라는 뜻을 가진 글자이다. 본래 장작불을 태우면서 제사 지내는 모양에서 출발했으나, 후에 단순한 대명사로 전용되어 사용되고 있다.

> **필자(筆者)** : 붓 필(筆)과 놈 자(者)로, 글을 쓴 사람.
> [예문] 이번 특집호에는 세계 문학계의 유명한 필자들이 대거 참여하고 있다.

**黑** : 검을 흑, 12획 ─────────────────── 부수: 黑

아궁이에 생기는 그을음을 본뜬 것으로, '검다'나 '꺼멓게 되다'라는 뜻을 가진 글자이다.

> **칠흑(漆黑)** : 옻 칠(漆)과 검을 흑(黑)으로, 옻칠을 한 것처럼 검고 광택이 있음.
> [예문] 달도 없는 그믐이라 밖은 마치 칠흑의 장막 같았다.

⟦　　키워드로 보는 사자성어　　⟧

## #나쁜 사람

**이포역포(以暴易暴)** : 횡포한 사람으로 횡포한 사람을 바꾼다는 뜻.

[예문] 새로운 장관을 내정하려 했으나 이포역포의 결과를 초래하는 것 같다.

**간세지배(奸細之輩)** : 간사한 짓을 하는 나쁜 사람의 무리.

[예문] 아예 그런 간세지배와는 상종하지 말아야 한다.

**조승모문(朝蠅暮蚊)** : 아침에는 파리가 꾀고 저녁에는 모기가 들끓는다는 뜻.

[예문] 권력자는 자기 주변에서 조승모문하는 소인배들을 경계해야 한다.


⟦　　근묵자흑, 이럴 때 이렇게　　⟧

1. 회사에서 부패가 만연하면 근묵자흑이 되어 정직한 사람들이 힘들어진다.

2. 최근 회사 분위기가 삭막해져서 사원들이 근묵자흑이 되는 것 같다.

3. 어머니는 어렸을 적부터 근묵자흑이라며 좋은 친구들과 사귀어야 한다고 말씀하셨다.

4. 사람들은 근묵자흑이라며 타인을 쉽게 탓하지만, 자신에게 있는 잘못은 돌아보지 못한다.

5. 부모는 자녀가 근묵자흑이 되는 것을 막기 위해 좋은 환경을 마련해 주어야 한다.

여러 사람이 힘을 합하여
어려운 사람을 도와주는 관계일 때


십시일반

# 十匙一飯


십시일반(十匙一飯)은 열 사람이 한 숟가락씩 모아 한 사람의 밥을 만든다는 뜻으로, 여러 사람이 조금씩 힘을 모으면 어려운 사람을 돕는 것은 쉽다는 의미로 표현할 때 사용되는 말입니다. 갑작스러운 재난 등으로 인해 경제적, 물질적 도움이 필요한 사람들에게 많은 사람이 적은 금액을 보태 큰 지원을 만들어 내는 경우 사용합니다. 어려움을 함께하며 서로 돌보는 이러한 사회의식은 오래전부터 있어 온 미풍양속 중의 하나입니다. 이는 공동체 속에서 서로 도우며 살아가는 협력과 나눔의 중요성을 강조한 가치로써, 세상을 살아가는 인간사회에서는 중요한 가치라 할 수 있습니다.


[ 　한자를 알면 뜻이 보인다　 ]


十匙一飯 : 열[十] 숟가락[匙]씩 보태면 한[一] 그릇의 밥[飯]이 됨
여러 사람이 힘을 합하면 한 사람을 돕기는 쉽다는 말.

十 : 열 십, 2획 ──────────────────────────── 부수: 十

상하좌우로 획을 그은 것으로 숫자 '열'을 뜻한다.

> **십상(十常)** : 열 십(十)과 항상 상(常)으로, 열에서 아홉일 정도로 확률이 높다는 말.
> (예문) 사전 준비 없이 배낭여행을 떠났다간 낭패를 보기 십상이다.

匙 : 숟가락 시, 11획 ──────────────────────── 부수: 匕

비수 비(匕)와 옳을 시(是)가 합하여 이루어진 모습으로, '숟가락', '열쇠'를 뜻하는
글자이다.

> **시접(匙楪)** : 숟가락 시(匙)와 평상 접(楪)으로, 제사를 지낼 때 수저를 담아놓는 대
> 접.
> (예문) 그는 공손히 시접에 젓가락을 나란히 맞추어 놓고 조상님께 절을 하였다.

一 : 한 일, 1획 ──────────────────────────── 부수: 一

'하나'나 '첫째', '오로지'라는 뜻을 가진 글자로, 막대기를 옆으로 눕혀놓은 모습을 그린
것이다.

> **일행(一行)** : 한 일(一)과 갈 행(行)로, 함께 가는 전체 성원
> (예문) 일행이 많아서 식당에서 밥을 먹는 데도 시간이 꽤 걸린다.

飯 : 밥 반, 12획 ──────────────────────────── 부수: 食

밥 식(食)과 되돌릴 반(反)이 합하여 이루어진 모습이며, '밥'이나 '식사', '먹다'라는 뜻을
가진 글자이다.

> **반주(飯酒)** : 밥 반(飯)과 술 주(酒)로, 끼니때 밥에 곁들여 술을 마심.
> (예문) 예로부터 어른들은 식욕을 돋우는 의미에서 밥에 반주를 곁들이셨다.

#힘을 합침

**결심육력(結心戮力)** : 마음을 합하고 힘을 모음.

예문 임금협상에서 노사는 결심육력하여 회사를 더욱 성장시키기로 합의하였다.

**중력이산(衆力移山)** : 여러 사람이 힘을 합하면 산도 옮길 수 있을 정도의 힘을 만들어 낼 수 있다는 뜻.

예문 한국은 외환위기 때 중력이산의 정신으로 위기를 극복하였다.

**독목불성림(獨木不成林)** : 홀로 선 나무는 숲을 이루지 못한다는 뜻.

예문 독목불성림의 교육을 받아서, 팀의 협력이 중요함을 잘 알고 있다.

〚　십시일반, 이럴 때 이렇게　〛

1. 일 년 내내 사원들이 십시일반으로 모은 성금을 연말에 불우이웃을 돕는 데에 사용한다.

2. 경찰관들은 십시일반으로 돈을 모아 동료 경찰관의 수술비를 마련하였다.

3. 십시일반의 마음으로 모두가 조금씩 기부하면, 큰 후원금이 모일 수 있다.

4. 저는 그저 되는대로 조금씩 십시일반으로 이 일에 참여해야 한다고 생각합니다.

5. 십시일반으로 모두가 나서서 이 사회적 문제를 해결할 수 있을 것이다.

융통성은 없지만
우직하게 약속을 지키는 사람을 표현할 때

## 미생지신

# 尾生之信

미생지신(尾生之信)은 약속을 끝까지 지키는 신의라는 뜻으로, 어려움이나 위험에 처해도 약속을 끝까지 지키는 사람의 신의를 표현할 때 사용되는 말입니다. 인간관계에서 꼭 필요한 조건이기도 하지만, 현실에서는 상황에 따라 약속을 다르게 처리해야 할 경우도 있습니다. 융통성 없이 무조건 약속을 고집하는 것은 오히려 문제를 일으킬 수 있다는 의미입니다. 단순히 약속을 지키는 것을 넘어, 상황에 맞는 융통성 있는 판단과 균형 잡힌 가치관을 가지고 현명하게 행동하는 것이 관계를 지속할 수 있는 길이라 생각합니다.

〖 한자를 알면 뜻이 보인다 〗

尾生之信 : 미생[尾][生]의[之] 믿음[信]
우직하게 약속만을 굳게 지킴. 또는 융통성이 없이 약속만을 굳게 지킴을 비유.

**尾** : 꼬리 미, 7획 ─────────────────────────── 부수: 尸

주검 시(尸)와 털 모(毛)가 합하여 이루어진 모습으로, '꼬리'나 '끝'이라는 뜻을 가진 글자이다. 사람이 사냥할 때 짐승처럼 분장하고 있는 모양으로, '사람[尸]'이 꼬리털을 붙이고 있는 모양이다.

> 대미(大尾) : 큰 대(大)와 꼬리 미(尾)로, 시간이나 순서상으로 맨 마지막.
> (예문) 이제 불꽃놀이와 함께 문화제 행사의 대미를 맞게 됩니다.

**生** : 날 생, 5획 ─────────────────────────── 부수: 生

갑골문자를 보면 땅 위로 새싹이 돋아나는 모습이 그려져 있으며, '나다'나 '낳다', '살다'라는 뜻을 가진 글자이다.

> 생존(生存) : 날 생(生)과 있을 존(存)으로, 죽지 않고 살아 있음.
> (예문) 직업은 생존과 직결되어 있다고 해도 과언이 아니다.

**之** : 갈 지, 1획 ─────────────────────────── 부수: 丿

사람의 발을 그린 것으로 '가다'나 '~의', '~에'와 같은 뜻으로 쓰이는 글자이다.

> 역지사지(易地思之) : 남과 처지를 바꾸어 생각함.
> (예문) 두 사람이 역지사지로 상대편의 주장에 귀를 기울일 필요가 있다.

**信** : 믿을 신, 9획 ─────────────────────────── 부수: 亻

사람 인(人)과 말씀 언(言)이 합하여 이루어진 모습이다. 믿을 수 있는 사람인지 판단할 때는 먼저 그가 내뱉는 말을 기준 삼게 되므로 '믿다', '신임하다'라는 뜻을 갖게 되었다.

> 불신(不信) : 아닐 불(不)과 믿을 신(信)으로, 어떤 대상을 믿지 아니함.
> (예문) 우리 사회에 만연한 불신이 새로운 사회 문제로 떠오르고 있다.

#약속

**단단상약(斷斷相約) : 서로 굳게 약속함.**

예문 미영과 철호는 서로에 대한 마음이 변치 않도록 단단상약 하였다.

**부부지약(夫婦之約) : 혼인하기로 한 약속.**

예문 미영과 철호는 이번 가을에 부부지약을 맺었다.

**금석맹약(金石盟約) : 쇠붙이와 돌처럼 굳고 변함없는 약속.**

예문 그들의 우정은 금석맹약과도 같아, 어떠한 이간질에도 흔들리지 않았다.

【　미생지신, 이럴 때 이렇게　】

1. 그는 미생지신의 정신으로 약속을 꼭 지키려 했지만, 상황이 급변해 결국 못
지키게 되었다.

2. 그 친구는 미생지신과 같은 융통성 없는 성격으로 고집을 부리다가 큰일을
당했다.

3. 그 사업가는 미생지신 같은 인물로, 약속을 지키기 위해 무모한 행동을 감행하다
결국 회사가 부도를 맞았다.

4. 미생지신처럼 고집을 부리지 말고 상황에 맞게 유연하게 대처하는 것이 좋겠다.

5. 몇몇 미생지신 같은 사람들 때문에 팀 전체의 유연성이 좀먹고 있다.

겉으로는 순종하는 척하면서
마음속으로는 배신하는 관계일 때

## 양봉음위

# 陽奉陰違

양봉음위(陽奉陰違)는 겉으로는 복종하고 속으로는 배신한다는 뜻으로, 사람의 이중적인 태도나 행동을 보이는 상황을 표현할 때 사용되는 말입니다. 즉, 겉으로는 순종하고 복종하는 태도를 보이지만, 속으로는 다른 마음을 품거나 다른 행동을 한다는 의미입니다. 우리는 사람과의 관계에서 이런 사람들을 흔히 볼 수 있는데, 상사 앞에서는 순종하는 척 뒤에서는 비난하거나, 친구 앞에서는 칭찬하면서 다른 사람에게는 비방을 하는 모습들은 결국 관계의 신뢰를 잃게, 만들 수 있습니다. 양봉음위는 개인 간의 관계뿐만 아니라 조직 내에서도 솔직하게 의사소통해야 하며, 진정성을 갖고 행동해야 하는 중요한 덕목이라 할 수 있습니다.

[ 한자를 알면 뜻이 보인다 ]

陽奉陰違 : 겉[陽]으로는 복종[奉]하고 속[陰]으로는 배신함[違]
보는 앞에서는 순종하는 체하고, 속으로는 딴마음을 먹음.

**陽** : 볕 양, 12획 ——————————————————— 부수: 阝

阜(阝:언덕 부)와 昜(볕 양)이 합하여 이루어진 모습으로, 해가 떠올라 제단에 걸쳐지도록
만든 언덕의 의미에서 '양달'이나 '볕', '낮'이라는 뜻을 가진 글자가 되었다.

> **양력(陽曆)** : 볕 양(陽)과 책력 력(曆)으로, 지구가 태양을 한 바퀴 도는 시간을
> 일 년으로 하는 달력.
> (예문) 이 달력에는 양력 날짜 아래에 음력 날짜가 표시되어 있다.

**奉** : 받들 봉, 8획 ——————————————————— 부수: 大

갑골문자에 나온 奉을 보면 약초를 양손으로 떠받치고 있는 모양인데, 여기서
'받들다'나 '바치다'라는 뜻을 갖게 되었다. 大(큰 대)가 부수로 지정되어 있지만
'크다'와는 아무 관계가 없다.

> **봉환(奉還)** : 받들 봉(奉)과 돌아올 환(還)으로, 유해나 웃어른들을 받들어 모시고
> 돌아옴.
> (예문) 상해 임시 정부 요인들의 유골이 봉환되어 국민장으로 안장되었다.

**陰** : 그늘 음, 11획 ——————————————————— 부수: 阝

언덕 부(阜)와 이제 금(今), 구름 운(云)이 합하여 이루어진 모습으로, 큰 언덕과 구름은
햇볕을 차단해 그늘을 만든다는 의미에서 '그늘'이라는 뜻을 가진 글자가 되었다.

> **녹음(綠陰)** : 초록빛 록(綠)과 그늘 음(陰)으로, 잎이 푸르게 우거진 숲.
> (예문) 울어 대는 새소리를 들으며 우리는 녹음이 짙은 숲길을 걸었다.

**違** : 어긋날 위, 13획 ——————————————————— 부수: 辶

쉬엄쉬엄 갈 착(辶)과 가죽 위(韋)가 합하여 이루어진 모습으로, 다르게 멀리 떠나가는
의미에서 '어긋나다'나 '어기다'라는 뜻을 가진 글자가 되었다.

> **위헌(違憲)** : 어긋날 위(違)와 법 헌(憲)으로, 법률이나 규칙 따위가 헌법에 위반됨.
> (예문) 정부의 특정 행정 조치가 위헌이라는 논란이 계속되고 있다.

## #겉과 속

**내강외유(內剛外柔)** : 겉으로는 부드럽고 순하게 보이나 속은 곧고 굳셈
예문 영훈은 내강외유의 성품을 가지고 있다.

**면종복배(面從腹背)** : 겉으로는 복종하는 체하면서 내심으로는 배반함.
예문 부모님께 공부하겠다고 말하고, 게임만 하는 것은 면종복배이다.

**애이불비(哀而不悲)** : 슬프기는 하지만 겉으로 슬픔을 나타내지 않음.
예문 친구의 실패에 대해 애이불비의 마음으로 슬퍼했지만, 친구를 비난하지 않았다.

〖　　양봉음위, 이럴 때 이렇게　　〗

1. 회사에서 맡은 프로젝트를 열심히 하는 척했지만, 양봉음위로 이직을 계획하고 있었다.

2. 그 사람은 상사 앞에서는 양봉음위하지만, 등 뒤에서는 비난한다.

3. 정치인들은 국민 앞에서는 양봉음위하지만, 실제로는 부패를 일삼고 있다.

4. 눈앞의 이익 때문에 양봉음위하면, 장기적으로는 민심을 잃어 큰 손해를 보게 되어있다.

5. 상사가 아랫사람을 함부로 대하면, 양봉음위하는 부하직원들이 늘어날 수밖에 없다.

같은 뜻을 가지고
서로 모이고 사귀는 관계를 표현할 때

유유상종

# 類類相從

유유상종(類類相從)은 서로 비슷한 무리끼리 서로를 따르고 쫓는다는 뜻으로, 이 말은 주로 사람들이나 조직이, 서로 비슷한 성품이나 행동을 보이며 서로 영향을 수고받는 상황을 비유적으로 설명할 때 표현하는 말입니다. 즉 인간관계에 있어서 성품이나, 성향이 비슷한 사람끼리의 모임이나, 취미나 관심사를 가진 사람들과 어울리면서 서로 소통하는 모습을 보여줄 때 표현합니다. 유유상종은 자연스러운 끌림과 공동체 형성의 중요함을 가르쳐 주는 말입니다. 비슷한 사람들과 어울리면서 소통하고 협력하며 발전할 수 있지만, 동시에 서로 다른 사람들도 존중하고 배려하는 마음가짐도 필요할 것입니다.

〚　　한자를 알면 뜻이 보인다　　〛

類類相從 : 비슷한[類] 종류[類]끼리 서로[相] 따름[從]
비슷한 사람끼리 서로 친하게 지냄.

**類** : 무리 류(유), 19획 ──────────────────────────── 부수: **頁**

엇비슷할 뢰(頪)와 개 견(犬)이 합하여 이루어진 모습으로 '무리'나 '비슷하다'라는 뜻을 가진 글자이다. 서로 어울려 다니는 개의 무리에서 그 뜻이 연상된다.

> **분류(分類)** : 나눌 분(分)과 무리 류(類)로, 사물을 종류에 따라 가름.
> (예문) 나는 집에 있는 책을 내용별로 분류하여 정리하였다.

**類** : 무리 류(유), 19획 ──────────────────────────── 부수: **頁**

엇비슷할 뢰(頪)와 개 견(犬)이 합하여 이루어진 모습으로 '무리'나 '비슷하다'라는 뜻을 가진 글자이다. 서로 어울려 다니는 개의 무리에서 그 뜻이 연상된다.

> **부류(部類)** : 나눌 부(部)와 무리 류(類)로, 서로 구별되는 특성에 따라 나눈 갈래.
> (예문) 그들은 나와는 절대로 공감대가 형성될 수 없는 부류의 사람들이었다.

**相** : 서로 상, 9획 ──────────────────────────── 부수: **目**

나무 목(木)과 눈 목(目)이 합하여 이루어진 모습으로, '서로'나 '모양', '가리다'라는 뜻을 가진 글자이다. 나무에 올라가서 눈으로 먼 곳을 본다는 의미에서 '보다'는 뜻이 생성되었으며, 후에 함께 본다는 것에서 '서로'와 보고 돕는다는 것에서 '돕다'라는 뜻을 가지게 되었다.

> **상호(相互)** : 서로 상(相)과 서로 호(互)로, 관계되는 이쪽과 저쪽 모두.
> (예문) 모두 평등한 입장에서 상호의 관심사에 대해 자유롭게 의견을 나누었다.

**從** : 좇을 종, 11획 ──────────────────────────── 부수: **彳**

조금 걸을 척(彳)과 발 지(止), 좇을 종(从)이 합해진 모습으로, 두 사람이 서로 따라간다는 의미에서 '좇다'나 '따르다'라는 뜻을 가진 글자가 되었다.

> **종속(從屬)** : 좇을 종(從)과 무리 속(屬)으로, 주되는 것에 딸려 붙은 관계
> (예문) 이번 법안으로 대기업에 대한 중소기업의 종속이 심화될 것으로 보인다.

#종류

**형형색색(形形色色)** : 형상과 빛깔 따위가 서로 종류가 다른 여러 가지.
예문 형형색색의 불꽃이 밤하늘을 수놓고 있었다.

**다종다양(多種多樣)** : 가짓수나 양식, 모양이 여러 종류로 많음.
예문 이 상점에는 다종다양의 제품들이 진열되어 있다.

**오비일색(烏飛一色)** : 날고 있는 까마귀가 모두 같은 빛깔이라는 뜻.
예문 한일전 축구 경기는 전 국민이 오비일색으로 붉은 악마가 되어 응원할 것이다.


[[    유유상종, 이럴 때 이렇게    ]]

1. 유유상종이라더니 고만고만한 녀석들끼리 맨날 붙어 다니는구나.

2. 결국, 비슷한 성격과 가치관을 가진 사람들끼리 모여 유유상종하는 거겠죠.

3. 요식업에 종사하는 사람들로 모임을 만들었는데, 자연스럽게 우리는
   유유상종하게 되었다.

4. 그는 도박에 중독된 상태인데, 유유상종으로 그의 친구들도 도박중독자들이
   많았다.

5. 좋은 친구들은 서로에게 긍정적인 영향을 주며 유유상종한다.

서로 도우며
떨어질 수 없는 밀접한 관계일 때

순망치한

# 脣亡齒寒

순망치한(脣亡齒寒)은 입술이 없으면 이가 시리다는 뜻으로, 두 존재 중 하나가 없어지면 다른 하나도 위험에 처하게 되는 상황을 표현할 때 사용하는 성어입니다. 입술이 없으면 이가 시리다는 는 말은 입술이 이를 보호해 주듯이, 상호 보완적이고 의존적인 관계에서 한쪽이 무너지면 다른 쪽도 위태로워진다는 것을 의미합니다. 현대사회에서도 순망치안은 중요한 가르침을 주고 있습니다. 글로벌한 세계에서 국가 간의 다자외교는 협력이 더욱 중요해지고 있으며, 기업 간의 상생과 공존 또한 강조되고 있습니다. 이처럼, 순망치한은 단순한 성어가 아니라 우리 개인과 사회가 함께 성장하고 발전하기 위해 반드시 기억해야 할 중요한 가치를 담고 있는 말입니다.

[    한자를 알면 뜻이 보인다    ]

陽奉陰違 : 입술[脣]을 잃으면[亡] 이[齒]가 시리다[寒]
서로 도움으로써 성립되는 관계를 말함.

**脣** : 입술 순, 11획 ─────────────────────────── 부수 : 月

지지 진(辰)과 육달 월(月)이 합하여 이루어진 모습으로, '입술'이라는 뜻을 가진
글자이다. 참고로 한자에 月가 포함되어 있으면, 대부분 사람의 신체 일부를 지칭하는
경우가 많다.

> **순치(脣齒)** : 입술 순(脣)과 이 치(齒)로, 입술과 이처럼 서로 관계가 밀접한 사이.
> 예문　그 두 노인은 순치와 같은 관계로 서로에게 의지하며 시간을 보내고 있다.

**亡** : 망할 망, 3획 ─────────────────────────── 부수 : 亠

사람이 잘못을 저지르고 숨어있는 상황을 의미하여 '죽다', '잃다', '망하다',
'도망가다'라는 뜻을 가진 글자가 되었다. 亠(돼지해머리 두)가 부수로 지정되어 있지만,
돼지머리와는 관계가 없다.

> **망신(亡身)** : 잃을 망(亡)과 몸 신(身)으로, 자기의 명예나 체면 따위가 손상을 입음.
> 예문　잘못되면 나라 망신시키는 수가 있으니 조심해야 한다.

**齒** : 이 치, 15획 ─────────────────────────── 부수 : 齒

그칠 지(止)와 이 치(齒)가 합하여 이루어진 모습으로, '이빨'이나 '어금니'라는 뜻을 가진
글자이다. 또한, 이빨이 가지런히 나열된 모습을 연상하여 '나이'나 '순서'를 뜻하기도
한다.

> **치통(齒痛)** : 이 치(齒)와 아플 통(痛)으로, 이가 아파서 통증을 느끼는 증세.
> 예문　슬비는 충치로 인한 치통을 참기가 어려웠다.

**寒** : 찰 한, 12획 ─────────────────────────── 부수 : 宀

'차다'나 '춥다'라는 뜻을 가진 글자로 금문을 보면 갓머리(宀)와 풀(艹), 사람 인(人),
얼음 빙(冫)이 그려져 있다.

> **혹한(酷寒)** : 독할 혹(酷)과 찰 한(寒)으로, 몹시 심한 추위.
> 예문　그들은 혹한을 피해 따뜻한 나라로 여행을 떠났다.

#입술

**주순호치(朱脣皓齒) : 붉은 입술과 하얀 치아.**
〔예문〕 그녀가 웃을 때마다 주순호치로 인해 아름다워 보였다.

**박순경언(薄脣輕言) : 엷은 입술로 경망스럽게 말한다는 뜻.**
〔예문〕 그는 친구들 모임에서 박순경언으로 인해 오해를 사기도 했다.

**요순고설(搖脣鼓舌) : 입술을 움직이고 혀를 찬다는 뜻.**
〔예문〕 이번 토론에서 정치인들이 요순고설하는 경우가 많아 대단히 실망하였다.

【 　순망치한, 이럴 때 이렇게　 】

1. 부부는 순망치한의 관계이기 때문에 서로를 존중하고 배려해야 한다.

2. 가족끼리는 순망치한처럼 서로 의지하며 살아야 한다.

3. 국가 간 경제 협력은 순망치한의 원리에 입각한 상호 이익을 추구한다.

4. 나무와 새들의 관계는 순망치한이며, 서로 생존에 필요한 역할을 한다.

5. 환경과 인간은 순망치한의 관계이기 때문에 환경을 보호해야 한다.

# 웃음

곳곳에서 느끼는 기분 좋은 감각을
한 곳으로 표현한 것이 웃음이다.

웃음은 마음의 정원에서 피어나는 가장 아름다운 꽃입니다.
누군가의 웃음은 세상의 모든 어둠을 잠시 잊게 해주고,
침묵 속에서도 이해의 언어로 소통하는 신비로움과
인생의 무게를 잠시나마 가볍게 만들어주는
마법과 같은 표현입니다.

배를 부둥켜안고 넘어질 정도로
웃고 싶어질 때

### 포복절도

# 抱腹絶倒

포복절도(抱腹絶倒)는 배를 안고 넘어진다는 뜻으로, 몹시 웃기거나 재미있어서 배를 움켜잡고 몸을 가누지 못하는 상황을 표현할 때 사용하는 말입니다. 다만, 품위를 지켜 가며 웃는 선비의 웃음이기보다는, 웃지 않고는 도저히 견딜 수 없어 자지러지게 웃는 웃음으로, 서민적인 냄새가 짙게 배어 있는 웃음입니다. 웃음은 스트레스를 해소하고 면역력을 높이고 심신의 건강을 증진 시키는 효과가 있다고 합니다. 우리가 사는 세상에 웃을 일이 별로 없는데 서로가 서로에게 포복절도하는 일로만 가득했으면 합니다.

[ 한자를 알면 뜻이 보인다 ]

抱腹絶倒 : 배[腹]를 안고[抱] 기절[絶]하여 넘어진다[倒]
배를 안고 몸을 가누지 못할 만큼 웃음.

**抱** : 안을 포, 8획 ──────────────────────────────── 부수: 扌

손 수(手)와 쌀 포(包)가 합하여 이루어진 모습으로, '안다'나 '품다', '가지다'라는 뜻을 가진 글자이다. 감싸 안는 것을 강조하기 위해 手를 더해 명확하게 표현하였다.

> **포부(抱負)** : 안을 포(抱)와 질 부(負)로, 마음속에 지닌 앞날에 대한 계획이나 희망.
> [예문] 그는 유권자들에게 포부를 밝히며 자신을 뽑아 달라고 하였다.

**腹** : 배 복, 13획 ──────────────────────────────── 부수: 月

육달 월(月)과 돌아올 복(复)이 합하여 이루어진 모습으로, 오장육부 중 하나인 '배'를 뜻하는 글자이다.

> **복안(腹案)** : 배 복(腹)과 책상 안(案)으로, 마음속에 품고 있는 생각이나 계획.
> [예문] 남북 간의 관계 증진을 위한 장관님의 복안이 있으면 말씀해 주십시오.

**絶** : 끊을 절, 12획 ──────────────────────────────── 부수: 糹

실 사(糹)와 칼 도(刀), 나무패 절(卩)이 합하여 이루어진 모습으로, 실타래를 칼로 끊는다는 의미에서 '끊어지다', '끊다'라는 뜻을 가진 글자가 되었다.

> **절규(絶叫)** : 끊을 절(絶)과 부르짖을 규(叫)로, 힘을 다해 애타게 부르짖음.
> [예문] 그의 입에서는 깊은 고통 소리와 함께 절규가 터져 나왔다.

**倒** : 넘어질 도, 10획 ──────────────────────────────── 부수: 亻

사람 인(人)과 이를 도(到)가 합해진 모습으로 사람이 넘어졌다는 의미에서 '넘어지다'나 '뒤집어지다'라는 뜻을 가진 글자가 되었다.

> **일변도(一邊倒)** : 한 일(一)과 가 변(邊), 넘어질 도(倒)로, 한쪽으로만 치우침.
> [예문] 대중가요들은 너무 사랑 일변도의 뻔한 내용들을 담고 있다.

#배 복

**사리사복**(私利私腹) : 사사로운 이익과 개인적인 욕심.
예문 정치인이 되려면 사리사복을 내려놓고 공공의 이익을 위해 노력해야 한다.

**곡복사신**(穀腹絲身) : 먹는 것과 입는 것.
예문 인간의 삶에 있어서 곡복사신처럼 중요한 것은 없다.

**함포고복**(含哺鼓腹) : 먹을 것이 풍족하여 즐겁게 지냄.
예문 어려웠던 시절이 지나 지금은 성공하여 함포고복의 삶을 누리며 살고 있다.

〚    포복절도, 이럴 때 이렇게    〛

1. 몇 페이지만 읽고도 포복절도할 지경이다.

2. 최근 개봉한 영화는 포복절도의 웃음을 선사한다고 호평을 받았다.

3. 우리 친구들끼리 모여서 예전 추억을 회상하며 포복절도하는 웃음을 나눴다.

4. 어떤 개그맨의 개그 스타일은 포복절도할 정도로 우스꽝스러워 인기가 많다.

5. 그 코미디 영화를 보고 가족들 모두 포복절도하였다.

얼굴빛이 일그러지도록
크게 웃고 싶어질 때

파안대소

# 破顔大笑

파안대소(破顔大笑)는 얼굴이 찢어질 듯 크게 웃는다는 뜻으로 너무나 크게 웃어서 얼굴이 일그러질 것 같은 상황을 묘사할 때 표현하는 말입니다. 얼굴에 웃음이 피어나는 그 순간, 모든 걱정과 슬픔이 사라지는 것을 아름답게 표현한 말입니다. 파안대소는 단순히 크게 웃는 것을 넘어, 진심 어린 기쁨과 즐거움을 표현함으로써 사람들 사이의 거리를 좁히고 친밀감을 형성하는 데 도움이 됩니다. 힘들고 어려움이 있더라도 항상 웃음을 잃지 않도록, 작은 일에 감사하는 마음이 있어야 하며, 다른 사람에게도 웃음을 선물할 수 있는 유쾌한 이야기를 전할 수 있도록 노력해야 합니다.

〚　한자를 알면 뜻이 보인다　〛

破顔大笑 : 얼굴[顔]이 일그러지도록[破] 크게[大] 웃음[笑]
매우 즐거운 표정으로 한바탕 크게 웃음.

## 破 : 깨뜨릴 파, 10획 ── 부수: 石

돌 석(石)과 가죽 피(皮)가 합하여 이루어진 모습으로, 돌을 부수는 의미에서 '깨트리다'
나 '파괴하다'라는 뜻을 가진 글자이다.

> **파멸(破滅)** : 깨드릴 파(破)과 멸망할 멸(滅)로, 돌이킬 수 없을 정도로 파괴되어 멸
> 명함.
> (예문) 마약 복용은 파멸의 지름길이다.

## 顔 : 얼굴 안, 18획 ── 부수: 頁

선비 언(彦)과 머리 혈(頁)이 합하여 이루어진 모습으로 '낯'이나 '얼굴', '표정'을 뜻하는
글자이다. 얼굴 전반의 '표정'과 '면목' 등의 의미로 사용된다.

> **후안(厚顔)** : 두꺼울 후(厚)와 얼굴 안(顔)으로, 낯가죽이 두껍다는 뜻으로 뻔뻔함을
> 말함.
> (예문) 잘못해 놓고 발뺌하는 솜씨를 보니 보통 후안이 아니다.

## 大 : 큰 대, 3획 ── 부수: 大

'크다'나 '높다', '많다', '심하다'와 같은 다양한 뜻으로 쓰이는 글자이며, 갑골문자를
보면 大는 양팔을 벌리고 있는 사람이 그려져 '크다'라는 뜻을 표현한 것이다.

> **대략(大略)** : 큰 대(大)과 간략할 략(略)으로, 줄거리만 추려서 간략하게.
> (예문) 그 사실에 대하여는 대략 그 정도만 알고 있다.

## 笑 : 웃음 소, 10획 ── 부수: 竹

대나무 죽(竹)과 어릴 요(夭)가 합하여 이루어진 모습으로, '웃음'이나 '웃다', '조소하다'
라는 뜻을 가진 글자이다. 본래 '꽃이 피다'에서 변화되어 짐승 짓는 소리나 사람의
'웃음소리'로 변하였다.

> **냉소적(冷笑的)** : 찰 냉(冷)과 웃을 소(笑), 과녁 적(的)으로, 무관심하거나 쌀쌀한
> 태도로 비웃는 것.
> (예문) 이 작품은 우리 사회의 여러 가지 문제들을 냉소적으로 풍자하고 있다.

#표정

**득의만면**(得意滿面) : 일이 뜻대로 이루어져서 기쁜 표정이 얼굴에 가득함.

예문　그는 마치 호랑이를 생포한 포수처럼 득의만면했다.

**회진작희**(回嗔作喜) : 성을 내었다가 슬쩍 돌리어 기쁜 표정을 지음.

예문　성호는 친구의 농담으로 회진작희 하였다.

**파안일소**(破顏一笑) : 매우 즐거운 표정으로 한바탕 웃음.

예문　나의 농담에 친구들은 파안일소 하였다.

【　　파안대소, 이럴 때 이렇게　　】

1. 내가 던진 실없는 농담에도 파안대소를 터뜨리는 그녀의 모습이 참 예뻐 보였다.

2. 할아버지는 손자의 재롱에 파안대소하며 즐거워했다.

3. 우리 팀이 결승에 진출했다는 소식을 듣자, 팀원 모두가 파안대소했습니다.

4. 친구의 농담에 파안대소하며 즐거운 시간을 보냈다.

5. 우승 소식을 들은 선수들은 서로 얼싸안고 파안대소했다.

기뻐서 손뼉을 치며
크게 웃고 싶어질 때

박장대소

# 拍掌大笑

박장대소(拍掌大笑)는 손뼉을 치면서 크게 웃는다는 뜻으로, 활기차고 유쾌한 분위기 속에서의 웃음과 기쁨을 전달하는 감정의 표현으로 사용됩니다. 서로의 생각과 감성이 맞지 않더라노, 그 자이를 이해하고 손숭함으로써 얻을 수 있는 기쁨과 즐거움은 어떤 것보다 소중할 것입니다. 손뼉을 치며 함께 웃는다는 것은, 서로를 더욱 가까워지게 할뿐더러 행복을 증폭시키는 역할을 합니다. 박장대소와 같은 순간들이 많을수록, 사람과의 관계는 더욱 풍요롭고 즐거움이 가득할 것입니다. 일상생활에서 이 아름다운 성어를 적재적소에 활용해 보기를 바랍니다.

〖　　한자를 알면 뜻이 보인다　　〗

拍掌大笑 : 손바닥[掌]을 치며[拍] 크게[大] 웃음[笑]
손바닥을 치며 한바탕 크게 웃음.

**拍** : 칠 박, 8획 ——————————————————————————————— 부수: 扌

손 수(手)와 흰 백(白)이 합하여 이루어진 모습으로, '(손뼉을)치다'나 '손으로
두드리다'라는 뜻을 가진 글자이다.

> **박차(拍車)** : 칠 박(拍)과 수레 차(車)로, 어떤 일을 재촉하여 잘되도록 더하는 힘.
> (예문) 우리는 발명품 경연 대회를 며칠 앞두고 마지막 박차를 가하고 있다.

**掌** : 손바닥 장, 12획 —————————————————————————————— 부수: 手

오히려 상(尙)과 손 수(手)가 합하여 이루어진 모습으로, '손바닥'이라는 뜻을 가진
글자이다.

> **합장(合掌)** : 합할 합(合)과 손바닥 장(掌)으로, 두 손바닥과 열 손가락을 마주 합침.
> (예문) 스님은 신도들의 인사에 합장으로 화답했다.

**大** : 큰 대, 3획 ——————————————————————————————————— 부수: 大

'크다'나 '높다', '많다', '심하다'와 같은 다양한 뜻으로 쓰이는 글자이며 갑골문자를
보면 양팔을 벌리고 있는 사람을 형상화하여 '크다'라는 뜻을 가지게 된 것이다.

> **양대(兩大)** : 두 량(兩)과 큰 대(大)로, 두 개의 큰.
> (예문) 그는 우리나라 양대 정당 중 한 당을 이끌고 있다.

**笑** : 웃음 소, 10획 —————————————————————————————— 부수: 竹

대나무 죽(竹)과 어릴 요(夭)가 합하여 이루어진 모습으로, '웃음'이나 '웃다',
'조소하다'라는 뜻을 가진 글자이다. 본래 '꽃이 피다'에서 변화되어 짐승 짓는 소리나
사람의 '웃음소리'로 변하였다.

> **조소(嘲笑)** : 비웃을 조(嘲)와 웃을 소(笑)로, 남을 깔보고 놀리어 웃음.
> (예문) 그 애의 터무니없는 허풍에 친구들은 조소를 보냈다.

## #손바닥

**고장난명**(孤掌難鳴) : 한쪽 손뼉은 울리지 못한다는 뜻.

예문 동의하는 사람이 없으니 실로 고장난명이다.

**허장실지**(虛掌實指) : 손바닥 안은 비어 있게, 붓을 잡을 때는 살짝하게 잡아야 한다.

예문 선생님께서는 허장실지를 설명하시면서 붓을 잡는 방법을 가르쳐 주었다.

**장상전장**(掌上煎醬) : 손바닥에 장을 지진다는 뜻

예문 그는 사건에 연루되지 않았다고 장상전장을 외쳤지만
결국 관계가 있는 것으로 밝혀졌다.

〖 박장대소, 이럴 때 이렇게 〗

1. 아들 녀석의 재치 있는 대답에 사람들은 박장대소하였다.

2. 그의 농담에 모두 박장대소하며 웃음을 참을 수 없었다.

3. 구경꾼들은 피에로가 뒤뚱뒤뚱 걸을 때마다 우스워 죽겠다는 듯이 박장대소했다.

4. 사회자의 재치 있는 말에 방청석에서 박장대소가 터졌다.

5. 그는 광대의 사진을 훑어보더니 박장대소하기 시작했다.

어이가 없어서
하늘을 쳐다보며 웃고 싶어질 때

앙천대소

# 仰天大笑

앙천대소(仰天大笑)는 하늘을 우러러보며 크게 웃는다는 뜻으로, 너무나 크게 웃어서 하늘을 우러러볼 정도의 웃음을 표현할 때 사용하는 말입니다. 그러나 앙천대소는 단순히 크게 웃는 인간의 행동을 표현하기보다는, 인간 내면의 복합적인 감정 상태나 생각의 깊이를 담아내고 있는 표현이라 할 수 있습니다. 웃기는 상황에서 크게 웃을 때 앙천대소라는 표현을 쓸 수도 있지만, 어처구니가 없는 상황 속에서 멍하니 웃음을 지을 때도 앙천대소라는 표현을 쓸 수 있습니다.

[ 한자를 알면 뜻이 보인다 ]

仰天大笑 : 하늘[天]을 쳐다보고[仰] 크게[大] 웃음[笑]
웃음을 참지 못하거나 어이가 없어서 하늘을 보며 크게 웃음.

仰 : 우러를 앙, 6획 ──────────────────────────── 부수: 亻

사람 인(人)과 나 앙(卬)이 합하여 이루어진 모습으로, '우러러보다'나 '경모하다'라는 뜻을 가진 글자이다. 仰은 서 있는 사람과 무릎을 꿇고 있는 사람을 함께 표현한 것으로 누군가를 경배하고 있는 모습을 본뜬 글자이다.

**추앙(推仰)** : 옮을 추(推)와 우러를 앙(仰)으로, 높이 받들어 우러러 봄.
[예문] 이순신 장군은 우리나라에서 영웅의 본보기로 추앙받고 있다.

天 : 하늘 천, 4획 ──────────────────────────── 부수: 大

큰 대(大)와 한 일(一)이 합해진 모습이다. 갑골문자를 보면 大자 위로 동그란 모양이 그려져 있는데 사람의 머리 위에 하늘이 있음을 표현한 것으로 '하늘'이나 '하느님', '천자'라는 뜻을 가진 글자이다.

**천성(天性)** : 하늘 천(天)과 성품 성(性)으로, 본래부터 가지고 있는 성품.
[예문] 그녀는 천성이 착해서 좀처럼 화내거나 불평하는 일이 없다.

大 : 큰 대, 3획 ──────────────────────────── 부수: 大

'크다'나 '높다', '많다', '심하다'와 같은 다양한 뜻으로 쓰이는 글자이며, 갑골문자를 보면 양팔을 벌리고 있는 사람을 형상화하여 '크다'라는 뜻을 표현하였다.

**확대(擴大)** : 넓힐 확(擴)과 큰 대(大)로, 모양이나 규모, 크기 등을 늘려서 크게 함.
[예문] 이제 여성의 사회 진출 확대는 자연스러운 현상이 되었다.

笑 : 웃음 소, 10획 ──────────────────────────── 부수: 竹

대나무 죽(竹)과 어릴 요(夭)가 합하여 이루어진 모습으로, '웃음'이나 '웃다', '조소하다'라는 뜻을 가진 글자이다. 본래 '꽃이 피다'에서 변화되어 짐승 짓는 소리나 사람의 웃음소리로 변하였다.

**담소(談笑)** : 말씀 담(談)와 웃을 소(笑)로, 웃으면서 가벼운 이야기를 나눔.
[예문] 아버님께서는 응접실에서 손님과 담소를 나누고 계신다.

#하늘

**혼비중천(魂飛中天)** : 혼이 하늘의 한가운데에 떴다는 뜻.

예문 　경리과장은 감사가 나왔다는 말에 혼비중천하여 어쩔 줄 몰라 했다.

**앙천통곡(仰天痛哭)** : 하늘을 쳐다보며 큰소리로 슬피 욺.

예문 　사고로 아이를 잃은 부모는 그저 앙천통곡만 할 뿐이었다.

**천양지판(天壤之判)** : 하늘과 땅 사이와 같은 엄청난 차이.

예문 　그녀는 나를 대하는 태도가 이전과는 천양지판으로 달라졌다.

〖 　앙천대소, 이럴 때 이렇게 　〗

1. 동생이 바지를 거꾸로 입자 어머니께서 앙천대소하셨다.

2. 다섯 살배기 아이가 아빠 구두를 신고 있는 모습에 가족들은 앙천대소하고 말았다.

3. 앙천대소라도 할 듯 그는 하늘을 쳐다보며 웃음을 억지고 참고 있었다.

4. 나는 어이없는 실수로 인해 하늘을 쳐다보며 앙천대소하고 말았다.

5. 국민의 편이라 떠들던 자들이 권력에 붙으려는 모습을 보니 그저 앙천대소할 일이 아닌가 싶다.

크게 소리를 지르며
한바탕 크게 웃고 싶어질 때

### 가가대소

# 呵呵大笑

가가대소(呵呵大笑)는 소리를 내어 크게 웃는다는 뜻으로, 한바탕 크게 소리를 내어 웃을 때 표현하는 말입니다. 여기서 '가가'는 웃음소리를 나타내는 어휘이며, '대소'는 크게 웃는다는 뜻입니다. 즉 너무나 크게 웃어서 '가가'라는 소리가 나오는 것을 의미합니다. 가가대소는 우리 일상에서 종종 다양한 유머나 웃음거리를 통해 표현되는 크고 환한 웃음을 의미합니다. 요즘 어려운 일들이 많아 웃음을 찾기 힘든 일상이지만, 그 활기찬 모습 그대로 아주 흥겹게 웃는 가가대소로 가득했으면 합니다.

[    한자를 알면 뜻이 보인다    ]

呵呵大笑 : 소리를 내어[呵][呵] 크게[大] 웃음[笑]
너무 우스워 소리 내어 껄껄대고 웃음.

**呵** : 꾸짖을 가, 8획 ──────────────── 부수: 口

입 구(口)와 옳을 가(可)가 합하여 이루어진 모습으로, 이게 옳다(可)며 입(口)으로 따지는 것과 허락을 놓고 옳고 그름을 따지는 것에서 '꾸짖다', '헐뜯다'라는 뜻을 갖게 되었다.

> **가책(呵責)** : 꾸짖을 가(呵)와 꾸짖을 책(責)으로, 잘못이 후회되어 뉘우치고 꾸짖음.
> (예문) 철민이는 자기 때문에 어머니가 쓰러지셨다는 가책에 시달렸다.

**呵** : 꾸짖을 가, 8획 ──────────────── 부수: 口

입 구(口)와 옳을 가(可)가 합하여 이루어진 모습으로, 이게 옳다(可)며 입(口)으로 따지는 것과 허락을 놓고 옳고 그름을 따지는 것에서 '꾸짖다', '헐뜯다'라는 뜻을 갖게 되었다.

> **일기가성(一氣呵成)** : 문장을 단숨에 지어내는 일.
> (예문) 그녀는 일기가성의 문필가로 소문이 나 있다.

**大** : 큰 대, 3획 ──────────────── 부수: 大

'크다'나 '높다', '많다', '심하다'와 같은 다양한 뜻으로 쓰이는 글자이며, 갑골문자를 보면 양팔을 크게 벌리고 있는 사람이 그려져 '크다'라는 뜻을 나타내고 있다.

> **증대(增大)** : 더할 증(增)와 큰 대(大)로, 더하여 늘어나거나 많아짐.
> (예문) 기술의 개발과 생산력의 증대를 통해 기업의 경쟁력을 강화할 수 있다.

**笑** : 웃음 소, 10획 ──────────────── 부수: 竹

대나무 죽(竹)과 어릴 요(夭)가 합하여 이루어진 모습으로, '웃음'이나 '웃다', '조소하다'라는 뜻을 가진 글자이다.

> **비소(誹笑)** : 헐뜯을 비(誹)와 웃을 소(笑)로, 빈정거리거나 업신여기는 태도로 웃음.
> (예문) 부자행세를 하는 그가 어처구니없다는 듯 창구 직원은 비소를 머금은 얼굴이었다.

#자책(스스로 꾸짖음)

**회과자책(悔過自責) : 잘못을 뉘우쳐 스스로 꾸짖음.**

예문 그는 고향에 내려가 회과자책하며 살고 있다.

**자책내송(自責內訟) : 자기의 언행을 스스로 꾸짖음.**

예문 나는 형에게 실수를 범해 자책내송하며 진심으로 사과를 했다.

**인과자책(引過自責) : 자기의 잘못을 깨닫고 스스로 꾸짖음**

예문 그녀는 인과자책하며 팀원들에게 용서를 구했다.

〚　　가가대소, 이럴 때 이렇게　　〛

1. 어머니의 농담에 동생은 가가대소하며 웃었습니다.

2. 영화를 보는 내내 관객들은 가가대소하며 웃음을 멈추지 못했다.

3. 수영이는 뭐가 그리 즐거운지 연방 조잘대면서 가가대소를 하더라.

4. 그의 유머러스한 이야기에 모두가 가가대소하며 분위기가 밝아졌다.

5. 아이들은 마술사의 재치 있는 공연에 가가대소했다.

# 의지와 결단

의지는 목표를 향해 나가는 원동력이고,
결단은 그 목표를 달성하기 위해 필요한 힘이다.

의지는 마치 꽃봉오리 속에 감춰진 꿈의 씨앗이며,
결단은 그 씨앗이 단호히 햇살을 받아 성장하는 나무가 되는 과정입니다.
우리의 인생도 스스로 인정하든 인정하지 않든,
새로운 선택과 행동을 하고 새로운 결과를 얻기 위해
살아있는 매 순간 의지를 다지고 결단을 내려야 성장한다는 것입니다.

나태함을 버리고
새로운 마음가짐과 의지가 필요할 때

심기일전

# 心機一轉

심기일전(心機一轉)은 하나의 동기에 의해 마음을 돌린다는 뜻으로, 어떠한 동기에 의해 이전에 가졌던 마음을 바꾸는 상황을 표현할 때 사용하는 말입니다. 이 성어는 주변 환경의 변화나, 내적 동기에 따라 우리의 생각이나 태도가 변할 수 있음을 보여주는 말입니다. 어떠한 동기에 의해 일을 겪은 후에는 좌절하거나 포기하지 않고 자기의 모습을 살피고 주체적이고 긍정적인 방향으로 생각을 가다듬어야 합니다. 심기일전, 의지를 다지고 생각과 마음을 새롭게 하여, 고군분투하기를 바라는 마음입니다.

[      한자를 알면 뜻이 보인다      ]

心機一轉 : 하나의[一] 동기에[機] 의해 마음[心] 돌리다[轉]
어떠한 동기에 의하여 이제까지의 먹었던 마음을 바꿈.

**心** : 마음 심, 4획 ──────────────────────────────── 부수: 心

'마음'이나 '생각', '심장', '중앙'이라는 뜻을 가진 글자이다. 사람의 심장 모양을 본뜬 글자로 고대에는 사람의 뇌에서 지각하는 모든 개념이 심장에서 나오는 것으로 인식해 '마음'의 의미로 쓰이게 되었다.

> **심정**(心情) : 마음 심(心)과 뜻 정(情)으로, 사람의 내면으로부터 일어나는 감정이나 심리.
>
> (예문) 그녀는 괴로운 심정을 친구에게 털어놓았다.

**機** : 베틀 기, 16획 ──────────────────────────────── 부수: 木

나무 목(木)과 몇 기(幾)가 합해진 모습으로 '기계'나 '베틀', '기회'라는 뜻을 가진 글자이다. 본래 옷감을 짜는 '베틀'의 의미를 지닌 글자이나 현대에는 '기계'의 뜻으로도 사용되고 있다.

> **계기**(契機) : 맺을 계(契)와 베틀 기(機)로, 어떤 일이 일어나거나 바뀌게 되는 원인.
>
> (예문) 미영이는 이번 계기로 새사람이 되겠다고 결심했다.

**一** : 한 일, 1획 ──────────────────────────────── 부수: 一

'하나'나 '첫째', '오로지'라는 뜻을 가진 글자로, 막대기를 옆으로 눕혀놓은 모습을 그린 것이다.

> **일단**(一旦) : 한 일(一)과 아침 단(旦)으로, 우선 먼저.
>
> (예문) 주머니에 돈이 없어도 일단 밥은 먹고 보자.

**轉** : 돌릴 전, 18획 ──────────────────────────────── 부수: 車

수레 거(車)와 오로지 전(專)이 합하여 이루어진 모습으로, 수레의 바퀴가 빙빙 도는 것에서 '구르다'나 '회전하다'라는 뜻을 가진 글자가 되었다.

> **전환**(轉換) : 구를 전(轉)과 바꿀 환(換)으로, 다른 방향이나 다른 상태로 바꿈.
>
> (예문) 지금은 발상의 전환이 필요할 때이다.

## #마음

**노심초사(勞心焦思)** : 몹시 마음을 쓰며 애를 태움.

[예문] 프로젝트 마감일이 다가오자 팀원들은 모두 노심초사하고 있었다.

**언감생심(焉敢生心)** : 감히 어찌 그런 마음을 품을 수 있느냐는 뜻.

[예문] 꿈은 크지만, 노력이 부족하여 언감생심 성공할 수가 없다.

**이심전심(以心傳心)** : 마음에서 마음으로 전한다는 뜻

[예문] 지수의 표정을 보고 이심전심 그 속마음을 알 수 있었다.

〖　심기일전, 이럴 때 이렇게　〗

1. 그는 심기일전하여, 이제 건강을 위해 운동을 시작하기로 했다

2. 지난 실패로부터 심기일전한 그녀는 이번에는 더 열심히 준비하여 대학에
   합격했다.

3. 새로운 프로젝트를 맡게 된 그는 심기일전하여 지금까지와는 다른 마음가짐으로
   일에 임했다.

4. 심기일전한 그의 눈빛에서는 이전과는 다른 새로운 도전 의지가 느껴졌다.

5. 동료들의 격려로 그는 심기일전하여 프로젝트를 다시 성공시켰다.

의지가 약하여
결심한 것이 사흘을 못 갈 때

작심삼일

# 作心三日

작심삼일(作心三日)은 마음먹은 지 삼 일이 못 간다는 뜻으로, 처음에는 마음먹고도 하루 이틀만 지나면 그 일을 그만두는 상황을 표현하는 말입니다. 여기서 '작심'은 마음먹은 것을, '삼일'은 사흘을 의미합니다. 즉, 마음먹은 지 사흘만 지나면 그 일이 흐지부지된다는 의미입니다. 우리는 종종 새로운 목표를 세우거나 다짐하지만, 얼마 지나지 않아 곧바로 포기하거나 흐지부지되는 경우가 많습니다. 이는 의지가 약하거나 인내심이 부족하기 때문일 것입니다. 작심삼일이 되지 않기 위해서는 현실적인 목표를 세워야 하며, 그 목표를 위해 포기하지 않고 꾸준히 노력해야만 작심삼일에서 벗어날 수 있습니다.

[    한자를 알면 뜻이 보인다    ]

作心三日 : 마음[心] 먹은[作] 지 삼 일[三][日] 이 못 간다
결심이 사흘을 지나지 못해 흐지부지된다는 말.

作 : 지을 작, 7획 ──────────────────────── 부수: 亻

사람 인(人)과 잠깐 사(乍)가 합하여 이루어진 모습으로, 사람이 어떤 일을 한다는
의미에서 '짓다'나 '만들다'라는 뜻을 가진 글자가 되었다.

> **발작(發作)** : 필 발(發)과 지을 작(作)으로, 병이나 증상이 갑자기 일어남.
> (예문) 간질이란 불규칙적이고 반복적인 발작을 계속하는 병을 말한다.

心 : 마음 심, 4획 ──────────────────────── 부수: 心

'마음'이나 '생각', '심장', '중앙'이라는 뜻을 가진 글자이다. 사람의 심장 모양을 본뜬
글자로 고대에는 모든 개념이 뇌가 아닌 심장에서 나오는 것으로 인식해 '마음'의
의미로 쓰이게 되었다.

> **관심(關心)** : 관계할 관(關)과 마음 심(心)으로, 마음이 끌려 신경을 쓰거나 주의를
> 기울임.
> (예문) 그의 불행과 외로움에 더 이상 관심을 보여 줄 사람은 아무도 없을 것이다.

三 : 석 삼, 3획 ──────────────────────── 부수: 一

'셋'이나 '세 번', '거듭'이라는 뜻을 가진 글자로 나무막대기 세 개를 늘어놓은 모습을
그린 것이다.

> **삼류(三流)** : 석 삼(三)과 흐를 류(流)로, 어떤 부류에서 그 수준이 가장 낮은 층.
> (예문) 인규는 워낙 영화를 좋아해서 주말이면 삼류 극장이라도 간다.

日 : 날 일, 4획 ──────────────────────── 부수: 日

태양을 본뜬 것으로 '날'이나 '해', '낮'이라는 뜻이다. 갑골문자에 나온 日을 보면
사각형에 점이 찍혀있는 모습이었다.

> **기일(期日)** : 기약할 기(期)와 날 일(日)로, 미리 정해 놓은 일정한 날짜나 기한.
> (예문) 기일 내에 작업을 끝마치려면 야근을 해야 할 것 같습니다.

#아침저녁으로 고침

**조개모변(朝改暮變)** : 아침저녁으로 뜯어고친다는 뜻.
(예문) 입시 정책이 조개모변식이어서 학생들과 학부모들이 당혹스러워했다.

**조령모개(朝令暮改)** : 아침에 명령을 내렸다가 저녁에 다시 고친다는 뜻.
(예문) 정부의 정책이 조령모개식이라 국민들의 불만이 높아졌다.

**조변석개(朝變夕改)** : 아침저녁으로 뜯어고친다는 뜻.
(예문) 요즘 사회에서 조변석개식의 행정이 흔하다고 지적하는 사람들이 많다.

〚    작심삼일, 이럴 때 이렇게    〛

1. 나는 새해마다 하는 결심이 늘 작심삼일로 끝나고 만다.

2. 나는 금연을 선언하였으나 작심삼일이 되고 말았다.

3. 작심삼일을 이기고 새로운 버릇을 만들기 위해, 첫째 날에는 노력하고, 둘째
날에는 또 노력하며, 셋째 날에는 다시 노력하라.

4. 시인은 시에서 이렇게 말했다, "작심삼일의 결심을 이기고 꽃이 피는 봄날에
우리의 꿈을 이루어보자".

5. 그는 새해만 되면 담배를 끊고 열심히 운동하겠다고 큰소리를 치지만 항상
작심삼일이 되고 말았다.

죽기를 각오하고
마지막까지 의지를 불태우고 싶을 때

### 사생결단

# 死生決斷

사생결단(死生決斷)은 죽고 사는 것을 결단한다는 뜻으로, 매우 강한 결심이나 각오를 나타내며, 목숨을 걸고 어떤 일을 끝까지 해내겠다는 의지를 표현할 때 사용하는 말입니다. 이 말은 중국 전국시대의 정치가인 범선(范蠡)이 '중대한 결정을 내릴 때는 죽음과 삶을 결정하는 것처럼 생각해야 한다'고 말한 데서 유래한 것으로, 주로 중요한 일이나 큰 목표를 이루기 위해 모든 것을, 걸고 결심하는 상황에서 표현되는 말입니다. 인생을 살다 보면 삶의 방향을 잃고 위기가 찾아올 때가 있습니다. 그럴 때일수록 사생결단의 마음을 갖고 더욱 강력한 존재로 성장하기를 바랍니다.

〔 한자를 알면 뜻이 보인다 〕

死生決斷 : 죽느냐[死] 사느냐를[生] 결단[決][斷]함
죽고 사는 것을 가리지 않고 끝장을 내려고 덤벼듦.

**死** : 죽을 사, 6획 — 부수: 歹

뼈 알(歹)과 비수 비(匕)가 합하여 이루어진 모습이다. 歹는 뼈만 앙상하게 남아 있는 모습을 匕는 손을 모으고 있는 사람을 그린 것으로, 누군가의 죽음을 애도한다는 뜻이다. 그래서 '죽음', '죽다'라는 뜻을 가지게 되었다.

> **필사적(必死的)** : 반드시 필(必)과 죽을 사(死), 과녁 적(的)으로, 죽을 각오로 힘을 다하는.
> (예문) 의병들은 나라를 지키기 위해 필사적으로 저항하였다.

**生** : 날 생, 5획 — 부수: 生

갑골문을 보면 땅 위로 새싹이 돋아나는 모습을 본뜬 것으로, '나다'나 '낳다', '살다'라는 뜻을 가진 글자이다.

> **생계(生計)** : 날 생(生)과 셀 계(計)로, 살아갈 방도나 형편.
> (예문) 남편이 직장을 잃자 우리 가족은 생계가 막막해졌다.

**決** : 결단할 결, 7획 — 부수: 氵

물 수(水)와 터놓을 쾌(夬)가 합하여 이루어진 모습으로 본래 제방이 무너져 물이 넘쳐흐른다는 의미에서 '갈라지다', '결단하다', '결정하다'라는 뜻을 가지게 되었다.

> **의결(議決)** : 의논할 의(議)와 결정할 결(決)로, 안건을 의논하고 합의하여 의사를 결정함.
> (예문) 내년도 예산은 이미 국무회의의 의결을 거쳐 정부안으로 확정되었다.

**斷** : 끊을 단, 18획 — 부수: 斤

이을 계(㡭)와 도끼 근(斤)이 합하여 이루어진 모습이다. 도끼로 실타래를 자르는 의미에서 '끊다'나 '결단하다'라는 뜻을 가진 글자이다.

> **독단(獨斷)** : 홀로 독(獨)과 끊을 단(斷)으로, 혼자서 판단하거나 결정함.
> (예문) 어느 한 면만을 강조하면 독단과 편견에 빠지기 쉽다.

#죽기를 각오함

**필사즉생(必死則生)** : 죽기를 각오하면 살 것이다는 뜻.
예문 우리 축구팀은 지난날의 치욕을 되갚을 필사즉생의 투지를 활활 불태우고 있다.

**저사위한(抵死爲限)** : 죽음을 각오하고 굳세게 저항함.
예문 옛 서사시에서 전사들이 저사위한의 각오로 천적에 맞서 싸웠다.

**결사보국(決死報國)** : 죽기를 각오하고 힘을 다해 나라의 은혜에 보답함.
예문 그들은 결사보국의 각오로 싸움에 나선 용사들이었다.

〚　　사생결단, 이럴 때 이렇게　　〛

1. 그는 사생결단의 의지로 새로운 사업에 도전하였고 결국 성공하였다.

2. 그는 많은 사업 실패에도 불구하고 다시 도전하는 모습에 사생결단의 의지가
   엿보였다.

3. 박 씨는 당장 사생결단이라도 낼 듯이 주먹을 불끈 쥐고 부엌에서 나왔다.

4. 축구 대표팀은 일본전에 패배한 이후 사생결단의 투지로 연습에 임하고 있다.

5. 난 이번 일에 사생결단을 낼 각오를 하고 뛰어들었다.

머뭇거리지 않고
과감하게 결단을 내려야할 때


일도양단

# 一刀兩斷


일도양단(一刀兩斷)은 한 번의 칼질로 두 조각으로 잘라버린다는 뜻으로, 머뭇거리지 않고 과감하게 행동하거나, 명확하고 신속한 결정을 내려야 할 때 표현하는 말입니다. 일도양단은 결단력과 신속한 행동의 중요함을 강조한 말로, 어떤 결정을 내릴 때 주저하지 않고 명확하게 판단하여 신속하게 행동하는 것이 중요하다는 점을 가르치는 말입니다. 항상 쉽게 결정을 내리지 못하고 머뭇거리기를 반복하는 사람에게는 마음에 담아두어야 할 성어라 생각됩니다. 삶의 중요한 순간에 내리는 결단인 만큼 명확하고 신중한 판단으로 일도양단하기를 바랍니다.


[    한자를 알면 뜻이 보인다    ]

一刀兩斷 : 한[一] 칼[刀]에 둘[兩]로 자름[斷]
머뭇거리지 않고 과감하게 행동하거나 결정함.

**一** : 한 일, 1획 ──────────── 부수: 一

'하나'나 '첫째', '오로지'라는 뜻을 가진 글자로, 막대기를 옆으로 눕혀놓은 모습을 그린 것이다.

> **일부(一部)** : 한 일(一)과 나눌 부(部)로, 전체에서 일정하게 정해지지 않은 어느 한 부분.
> (예문) 군 일부에서는 부재자 투표가 공개로 진행되었다고 한다.

**刀** : 칼 도, 2획 ──────────── 부수: 刀

칼날이 굽은 칼의 모양을 본뜬 글자로 '칼'이라는 뜻을 가졌다.

> **집도(執刀)** : 잡을 집(執)과 칼 도(刀)로, 수술이나 해부 따위를 하기 위해 칼을 잡음.
> (예문) 윤하는 끝까지 직업적인 냉정을 유지하며 장시간에 걸친 수술을 집도했다.

**兩** : 두 량(양), 8획 ──────────── 부수: 入

저울추가 나란히 매달려 있는 모습을 그린 것으로, '둘'이나 '짝', '무게의 단위'라는 뜻을 가진 글자로 사용되고 있다.

> **천냥(千兩)** : 일천 천(千)과 두 량(兩)으로, 매우 많은 돈.
> (예문) 말 한마디로 천 냥 빚도 갚는다는데 따뜻한 말 한마디가 그렇게 어렵습니까?

**斷** : 끊을 단, 18획 ──────────── 부수: 斤

이을 계(㡭)와 도끼 근(斤)이 합하여 이루어진 모습이다. 도끼로 실타래를 자르는 의미에서 '끊다'나 '결단하다'라는 뜻을 가진 글자이다.

> **무단(無斷)** : 없을 무(無)과 끊을 단(斷)으로, 사전에 연락이나 허락이 없음.
> (예문) 서울시는 무단 횡단 사고가 많은 지점에 가드펜스를 설치하기로 하였다.

## #칼

**전가보도(傳家寶刀)** : 대대로 집안에 전해지는 보배로운 칼이나
어려운 문제를 해결하는 결정적 수단을 말한다.

〔예문〕 정부는 경제 위기에 대처하는 '전가보도'로서 철저한 경제 정책을 세웠다.

**소리장도(笑裏藏刀)** : 웃음 속에 칼이 있다는 뜻.

〔예문〕 그녀는 겉으로 상냥해 보이지만, 소리장도에 해당하니 조심해야 한다.

**단도직입(單刀直入)** : 혼자서 칼을 휘두르고 거침없이 적진으로 쳐들어가는 것.

〔예문〕 그는 단도직입으로 자신의 불만 사항을 토로했다.


〚   일도양단, 이럴 때 이렇게   〛


1. 지금은 꾸물거리기보다는 일도양단이 필요할 때다.

2. 세상에는 변수가 많기 때문에 일도양단의 태도가 항상 좋은 것은 아니다.

3. 그는 일도양단으로 퇴사를 결심하였고, 바로 사직서를 제출하였다.

4. 그는 불혹의 나이임에도 입적하기로 일도양단하였다.

5. 그는 일도양단으로 혼자서 참전을 결정하였다.

이래도 좋고 저래도 좋은 성격 탓에
결정을 내리지 못하고 망설일 때

### 우유부단

# 優柔不斷

우유부단(優柔不斷)은 마음이 부드럽고 유연하기는 하지만, 결단력이 없다는 뜻으로, 결정을 내리지 못하고 망설이거나 주저하는 태도를 표현할 때 쓰는 말입니다. 우유부단은 결단력과 신속한 판단의 중요성을 반면교사로 삼게 합니다. 중요한 결정을 내릴 때 주저하지 않고 명확하게 판단하여 신속하게 행동하는 자세를 가르치는 말입니다. 우유부단한 사람이 어떤 상황에 빠른 결단을 내리기란 참 힘든 일이지만, 공자(孔子)는 '중요한 결정을 내리기 전에는 꼼꼼하게 따져봐야 하지만, 결정을 내린 후에는 후회하지 말아야 한다'라고 했습니다. 이미 결정을 내린 일이라면 후회해서는 안 된다는 것을 명심하기를 바랍니다.

[[      한자를 알면 뜻이 보인다      ]]

優柔不斷 : 넉넉[優]하고 부드럽기[柔]는 하나, 결단[斷]을 내리지 못함[不]
어물어물 망설이기만 하지 딱 잘라 결단을 내리지 못함.

**優** : 넉넉할 우, 17획 ──────────────────── 부수: 亻

사람 인(人)과 근심할 우(憂)가 합하여 이루어진 모습으로, 넉넉하고 품위 있는 사람을
의미하여 '넉넉하다'나 '뛰어나다'라는 뜻을 가진 글자이다.

> **우월(優越)** : 뛰어날 우(優)와 넘을 월(越)로, 훨씬 뛰어남을 뜻함.
> (예문) 항상 일등만 하는 그는 우월 의식에 빠지고 말았다.

**柔** : 부드러울 유, 9획 ──────────────────── 부수: 木

나무 목(木)과 창 모(矛)가 합해진 모습으로, 창의 자루로 쓰는 나무는 부드럽고 연한
재질을 가지고 있어 '부드럽다'나 '연약하다'라는 뜻을 가진 글자로 쓰이고 있다.

> **회유(懷柔)** : 품을 회(懷)와 부드러울 유(柔)로, 좋은 말과 태도로 구슬리고 달램.
> (예문) 사기꾼은 사람들을 회유하여 돈을 빼앗았다.

**不** : 아닐 부, 4획 ──────────────────── 부수: 一

땅속으로 뿌리를 내린 씨앗을 본뜬 것으로, 아직 싹을 틔우지 못한 상태라는 의미에서
'아니다'나 '못하다', '없다'라는 뜻을 갖게 되었다.

> **부재(不在)** : 아닐 부(不)와 있을 재(在)로, 있지 아니함.
> (예문) 사장님께서 부재중이셔서 곧 돌아오실 예정입니다.

**斷** : 끊을 단, 18획 ──────────────────── 부수: 斤

이을 계(㡭)와 도끼 근(斤)이 합하여 이루어진 모습이다. 도끼로 실타래를 자르는
의미에서 '끊다'나 '결단하다'라는 뜻을 가진 글자이다.

> **단상(斷想)** : 끊을 단(斷)과 생각 상(想)으로, 단편적 생각, 또는 그 생각을 적은 글
> (예문) 기옹이의 작품은 쉽고 간결한 어투로 삶의 단상을 표현하고 있다.

## #넉넉함

**여유만만(餘裕滿滿)** : 성품이나 언행이 침착하고 넉넉함.

예문 막내는 그동안 준비를 많이 했나 봐. 시험을 앞두고 여유만만하네.

**지족자부(知足者富)** : 분수를 지켜 만족할 줄 아는 사람은 넉넉함.

예문 그녀의 내적 아름다움은 지족자부한 삶에서 나온다.

**가급인족(家給人足)** : 집집마다 먹고 입는 것에 부족함이 없이 넉넉함.

예문 우리나라는 빠른 경제발전으로 인해 가급인족의 삶을 살아가고 있다.

⟦　　우유부단, 이럴 때 이렇게　　⟧

1. 그는 우유부단하여 결단력이 없으니 무슨 일을 창도하지는 못할 사람이오.

2. 그의 우유부단함 때문에, 나는 두 번 다시 없을 기회를 날리고 말았다.

3. 부장이 우유부단해서 매사에 결정을 잘 내리지 못하니 결국 직원들이 피해를 본다.

4. 나는 나의 우유부단한 성격이 늘 불만이다.

5. 성현이는 우유부단하고 결단력이 없어 이번 인사에서 자격 미달로 제외되었다.

이리저리 눈치만 보며
결정을 내리지 못하고 망설이는 상황일 때

좌고우면

# 左顧右眄

좌고우면(左顧右眄)은 왼쪽을 돌아보고 오른쪽을 둘러본다는 뜻으로, 어떠한 상황을 결정할 때 주저하거나 망설이는 상태를 표현하는 말입니다. 이 말은 원래 좌우를 살펴 빈틈없이 한다는 뜻이었으나, 이후 앞뒤를 재고 망설이며 결단을 내리지 못하는 태도를 의미하게 되었습니다. 삶에서나, 업무에서 중요한 결정을 내려야 할 때, 이리저리 눈치만 보고 망설이다가 오히려 좋은 기회를 놓칠 수 있습니다. 결정을 미루지 말고 과감하게 실행하는 것이, 더 좋은 결과를 가져올 수 있음을 명심해야 할 것입니다.

[ 한자를 알면 뜻이 보인다 ]

左顧右眄 : 왼쪽[左]을 둘러보고[顧] 오른쪽[右]을 곁눈질[眄]한다
무엇을 결정하지 못하고 이리저리 생각해 보며 망설임.

左 : **왼 좌, 5획** ──────────────────── 부수: 工

또 우(又)와 장인 공(工)이 합하여 이루어진 모습으로, '왼쪽'이나 '돕다', '그르다'라는
뜻을 가진 글자이다.

> **증좌(證左)** : 증거 증(證)과 왼 좌(左)로, 참고가 될만한 증거
>
> (예문) 일을 신중히 처리하지 못한 증좌가 드러났다.

顧 : **돌아볼 고, 21획** ──────────────── 부수: 頁

품 팔 고(雇)와 머리 혈(頁)이 합하여 이루어진 모습으로, '돌아보다'나 '방문하다'라는
뜻을 가진 글자이다. 머리를 돌려 뒤를 돌아보는 것에서 사방을 둘러보거나, 마음에
두고 생각한다는 의미가 생성되었다.

> **회고(回顧)** : 돌 회(回)와 돌아볼 고(顧)로, 지나간 일을 돌이켜 생각함.
>
> (예문) 그는 지나온 삶을 회고하면서 회한에 젖어 눈물을 머금었다.

右 : **오른쪽 우, 5획** ──────────────── 부수: 口

'손'을 뜻했던 또 우(又)와 입 구(口)를 더해, 오른손으로 밥을 먹는다는 의미에서
'오른쪽' '오른손'이라는 뜻을 갖게 되었다.

> **우완(右腕)** : 오른쪽 우(右)와 팔 완(腕)으로, 오른쪽 팔.
>
> (예문) 그는 우완 투수로서 다승 부문에서 공동 선두를 달리고 있다.

眄 : **곁눈질할 면, 9획** ──────────────── 부수: 目

눈 목(目)과 가릴 면(丏)이 합하여 이루어진 모습으로, '곁눈질하다', '돌보다', '흘기다',
'노려보다'라는 뜻을 가진 글자이다.

> **당면(瞠眄)** : 볼 당(瞠)과 곁눈질할 면(眄)으로, 눈을 휘둥그렇게 뜨고 똑바로 봄.
>
> (예문) 영석이는 깜짝 놀라 당면으로 나를 쳐다보았다.

#왼쪽 #오른쪽

**좌지우지(左之右之)** : 이리저리 제 마음대로 다루거나 휘두름.

예문 그는 재력을 쌓아 나라의 상권을 좌지우지하는 거상이 되었다.

**좌충우돌(左衝右突)** : 이리저리 마구 치고받고 부딪침.

예문 그는 좌충우돌하는 다혈질의 성격 때문에 문제를 일으키기도 한다.

**전후좌우(前後左右)** : 앞과 뒤, 왼쪽과 오른쪽.

예문 그는 전후좌우로 눈을 돌리며 훼방꾼이 없나 조심조심 말했다.


〖 좌고우면, 이럴 때 이렇게 〗

1. 더이상 좌고우면하며, 일을 미룰 때가 아니다.

2. 상황이 너무 급박하여 좌고우면의 겨를도 없이 일을 결정해 버렸다.

3. 어머니는 대학 진학을 앞둔 아들에게 "너무 좌고우면하지 말고, 마음에 드는 학과를 선택해라."라고 말씀하셨다.

4. 인생에 있어서 중요한 순간에 좌고우면하지 않고, 자신의 판단에 따라 단호한 결정을 내리는 것이 중요하다.

5. 스포츠 경기에서 선수들은 좌고우면하지 않고, 즉시 판단을 내려야 상황에 대처할 수 있음을 알 수 있다.

결단을 내렸을 때는
빨리 진행하여 일을 끝내고자 할 때

속전속결

# 速戰速決

속전속결(速戰速決)은 빠르게 싸워서 빠르게 끝낸다는 의미로 전쟁이나 전투에서 신속하게 승리하거나, 어떤 일을 신속하고 효율적으로 처리하는 상황에서 자주 표현되는 말입니다.

속전속결은 군사 작전이나 전투에서 빠르게 싸워서 승리하거나 결판을 내려야 할 때 주로 표현되었지만, 지금은 일상생활에서도 다양한 상황에서도 표현되는 말로써, 업무를 추진하는 상황에서도 신속하게 문제를 해결하거나 위기 상황에서 신속한 대응이 필요한 경우에 표현됩니다. 긴박한 상황에서 빠르고 정확하게 대응하거나 처리해야 할 필요가 있을 때, 또는 최대한 빠르게 일을 끝내야 하는 상황이 되었을 때 적절하게 표현하기를 바랍니다.

[[ 한자를 알면 뜻이 보인다 ]]

速戰速決 : 싸움[戰]을 빠리[速] 끝내고 빠리[速] 결정함[決]
어떤 일을 빨리 진행하여 빨리 끝냄.

**速** : 빠를 속, 11획 ──────────────────────────── 부수: 辶

쉬엄쉬엄 갈 착(辶)과 묶을 속(束)이 합하여 이루어진 모습으로, 어떤 것을 묶음 단위로 빠르고 신속하게 옮긴다는 의미에서 '빠르다'나 '빨리하다'라는 뜻을 가진 글자로 쓰인다.

> **졸속(拙速)** : 못날 졸(拙)과 빠를 속(速)으로, 일을 지나치게 빨리 서둘러 어설프고 서투름.
>
> (예문) 이번 행사는 졸속으로 이루어진 행사라서 의의를 새길 수 없었다.

**戰** : 싸움 전, 16획 ──────────────────────────── 부수: 戈

홀 단(單)과 창 과(戈)가 합하여 이루어진 모습이다. 單과 戈 모두 무기를 의미하며, 무기들이 충돌하는 것은 곧, '싸움'이나 '전쟁'을 의미한다.

> **전략(戰略)** : 싸움 전(戰)과 다스릴 략(略)으로, 사회적 활동을 하는 데 있어서의 책략.
>
> (예문) 제품의 판매량을 늘리기 위해서는 새로운 판매 전략이 필요하다.

**速** : 빠를 속, 11획 ──────────────────────────── 부수: 辶

쉬엄쉬엄 갈 착(辶)과 묶을 속(束)이 합하여 이루어진 모습으로, 어떤 것을 묶음 단위로 빠르고 신속하게 옮긴다는 의미에서 '빠르다'나 '빨리하다'라는 뜻을 가진 글자로 쓰인다.

> **유속(流速)** : 흐를 류(流)와 빠를 속(速)으로, 물 따위가 흐르는 속도.
>
> (예문) 이 강은 수심이 깊고 유속이 빨라서 수영하기가 어렵다.

**決** : 결단할 결, 7획 ──────────────────────────── 부수: 水

물 수(水)와 터놓을 쾌(夬)가 합하여 이루어진 모습으로 본래 제방이 무너져 물이 넘쳐흐른다는 의미에서 '갈라지다', '결단하다', '결정하다'라는 뜻을 가지게 되었다.

> **즉결(卽決)** : 곧 즉(卽)과 결단할 결(決)로, 그 자리에서 곧바로 처리하여 결정함.
>
> (예문) 그는 즉결 재판에 회부 되었다.

#빨리

**일사천리**(一瀉千里) : 강물이 빨라, 한 번 흘러 천 리에 다다른다는 뜻.

〔예문〕 재판이 일사천리로 진행되어 그는 징역 2년을 선고 받았다.

**욕속부달**(欲速不達) : 일을 빨리하려고 하면 도리어 이루지 못함.

〔예문〕 그는 회의 자료를 서둘러 준비하려다 실수해 욕속부달의 상황이 되었다.

**세월여류**(歲月如流) : 세월이 흐르는 물처럼 몹시 빠름.

〔예문〕 세월여류라 했으니 자네도 금방 내 나이가 될걸세.

〚   속전속결, 이럴 때 이렇게   〛

1. 이번 일은 여러분들이 뜻을 모아 속전속결하여야 할 것입니다.

2. 그 두 나라 사이의 전쟁은 최신식 무기가 동원된 속전속결의 양태를 띨 것이다.

3. 현대전에서는 속전속결을 추구하므로 전방과 후방의 안전성이 다르지 않다.

4. 이번 주 안에 이 일들을 전부 마치려면 속전속결로 해야 할 것입니다.

5. 정치인들이 국민들의 불편한 목소리에 속전속결로 대처하여 적절한 대책을 세웠습니다.

# 마음 <sub>감정</sub>

마음이 편안한 사람은
호수와 같은 잔잔함이 있고
숲의 숨결과 같은 평온함이 있다.

·

마음이 편안한 사람은 고요한 호수와 같습니다.
폭풍우가 몰아쳐도 그 표면은 잠시 일렁일 뿐,
깊은 곳은 늘 잔잔한 고요함을 간직합니다.
마음이 평온한 사람은 세상의 소음 속에서도
늘 은은한 음악을 들려주는 숲속의 숨결 같아서
외부의 소음이 결코 그의 내면을 흔들 수 없습니다.

말을 하지 않아도
마음과 마음으로 감정을 느낄 수 있을 때

이심전심

# 以心傳心

이심전심(以心傳心)은 마음으로써 마음에 전한다는 뜻으로, 말이나 글 없이도 서로의 마음이나 생각을 이해한다는 의미입니다. 즉 두 사람의 마음이 서로 하나 되어 말하지 않아도 서로의 생각을 알 수 있다는 아름다운 소통의 표현이라 할 수 있습니다. 이심전심의 마음은 하루아침에 이루어지는 것이 아니라, 시간과 노력이 필요합니다. 서로를 진심으로 이해하고 존중하고, 공감하려는 노력이 우선이 된다면, 가족, 친구 연인과의 관계에서 이심전심의 마음은 더욱 가치를 발휘하게 될 것입니다. 또한 직장이나 사회생활에서도 이심전심은 소통과 협력의 관계를 돈독하게 만들 것입니다.

[ 한자를 알면 뜻이 보인다 ]

以心傳心 : 마음[心]으로부터[以] 마음[心]을 전함[傳]
마음에서 마음으로 전하게 되면 모든 것을 이해하고 깨닫게 된다.

**以 : 써 이, 5획** ──────────── 부수: 人

'~로써'나 '~에 따라'와 같은 뜻으로 쓰이며, 人이 부수로 지정되어 있지만, 사람과는 아무 관계가 없다.

> **소이(所以) :** 바 소(所)와 써 이(以)로, 어떤 일을 하게 된 이유.
> (예문) 내가 개미 새끼 하나라도 죽이지 않는 것은 생명이 귀중한 소이이다.

**心 : 마음 심, 4획** ──────────── 부수: 心

'마음'이나 '생각', '심장', '중앙'이라는 뜻을 가진 글자이다. 사람의 심장 모양을 본뜬 글자로 고대에는 생각과 개념이 모두 심장에서 나오는 것으로 인식해 '마음'의 의미로 쓰이게 되었다.

> **관심(關心) :** 빗장 관(關)과 마음 심(心)으로, 마음에 끌려 신경을 쓰거나 주의를 기울임.
> (예문) 회사의 적극적인 관심과 지원으로 족구단이 안정적으로 운영되고 있다.

**傳 : 전할 전, 13획** ──────────── 부수: 亻

사람 인(人)과 오로지 전(專)이 합하여 이루어진 모습으로, 사람에게 방적 기술을 전한다는 의미에서 '전하다'나 '전해 내려오다'라는 뜻을 가진 글자가 되었다.

> **평전(評傳) :** 평할 평(評)과 전할 전(傳)으로, 비평을 곁들인 전기.
> (예문) 현대 시인들의 평전이 전집으로 출간되었다.

**心 : 마음 심, 4획** ──────────── 부수: 心

'마음'이나 '생각', '심장', '중앙'이라는 뜻을 가진 글자이다. 사람의 심장 모양을 본뜬 글자로 고대에는 생각과 개념이 모두 심장에서 나오는 것으로 인식해 '마음'의 의미로 쓰이게 되었다.

> **심경(心境) :** 마음 심(心)과 지경 경(境)으로, 마음의 상태.
> (예문) 뇌물 수수 사건에 연루된 그는 곤혹스러운 심경을 토로했다.

### #서로 통함

**일맥상통(一脈相通)** : 사고방식이나 성질 등이 서로 통하거나 비슷해지다.

〔예문〕 우리는 각자의 관심사에 일맥상통하는 면이 많다.

**통가지의(通家之誼)** : 친구 사이에 친척처럼 내외를 트고 서로 통하여 지내는 정.

〔예문〕 민식이 부모님과 우리 가족은 통가지의하는 관계이다.

**심심상인(心心相印)** : 서로 마음에서 마음으로 뜻이 통함.

〔예문〕 우리 부부 사이는 심심상인으로 모든 것이 잘 통한다.

〖  이심전심, 이럴 때 이렇게  〗

1. 우리 부부 사이는 이심전심으로 모든 것이 잘 통한다.

2. 그는 이심전심으로 의사가 잘 통하고 아주 비위에 맞는 친구다.

3. 두 사람 사이에는 어느덧 이심전심의 우정이 싹트고 있었다.

4. 교사는 학생들과 이심전심의 관계를 형성함으로써 더 효과적인 교육을 이루고자
   노력했다.

5. 부모와 아이 사이에서 이심전심의 순간은 사랑과 애정을 나타낸다.

간절한 마음으로
애타게 기다리는 심정을 표현할 때

학수고대

# 鶴首苦待

학수고대(鶴首苦待)는 학의 목처럼 길게 빼고 간절히 기다린다는 뜻으로, 무엇인가를 간절히 기다리는 모습을 표현하는 한자 성어입니다. 학수고대라는 말은 기다림의 고통이 클수록 그 결과의 가치도 크다는 의미와 기다림 속에서 희망과 기대를 품는 긍정적인 마음가짐이, 기다림을 견디게 한다는 의미도 가지고 있습니다. 즉 기대하는 마음과 기다림의 고통을 동시에 포함하고 있는 말입니다. 기다림이란 목표를 준비하는 중요한 시간일 수 있습니다. 무엇이든 기다리는 상황이 된다면 기다리는 동안에도 준비와 노력을 게을리 하지 말고 의미 있게 보내시길 바랍니다.

〖　한자를 알면 뜻이 보인다　〗

鶴首苦待 : 학[鶴]처럼 머리[首]를 쭉 빼고 애태우며[苦] 기다림[待]
간절한 마음으로 애타게 기다림.

199

**鶴** : 학 학, 21획 ────────────────────── 부수: 鳥

고상할 학(隺)과 새 조(鳥)가 합하여 이루어진 모습으로, 웅장한 모습의 두루미를
형상하여 '학' 또는 '두루미'라는 뜻을 가진 글자로 쓰이고 있다.

> **학발(鶴髮)** : 학 학(鶴)과 터럭 발(髮)로, 학의 하얀 머리털이란 뜻으로 노인의 백발
> 을 뜻함.
> (예문) 할아버지 머리는 학발에 얼굴은 동안의 모습을 띠고 있다.

**首** : 머리 수, 9획 ────────────────────── 부수: 首

초두머리 초(艹)와 스스로 자(自)가 합하여 이루어진 모습으로, 사람의 코[自] 위에
이마와 머리를 표시해 '머리'나 '우두머리'라는 뜻을 가진 글자가 되었다.

> **비수(匕首)** : 비수 비(匕)와 머리 수(首)로, 날이 매우 날카로운 짧은 칼.
> (예문) 운기는 비수같이 날카로운 문장으로 상대방을 신랄하게 비판하였다.

**苦** : 괴로울 고, 8획 ────────────────────── 부수: 艹

풀 초(艹)와 옛 고(古)가 합하여 이루어진 모습으로, 약초의 쓴맛을 의미하는 '쓰다'의
뜻을 가진 글자이다. 후에는 '괴롭다'라는 의미까지 파생되었다.

> **고역(苦役)** : 쓸 고(苦)과 부릴 역(役)으로, 몹시 힘들고 고되어 견디기 어려운 일.
> (예문) 하는 일 없이 집에서 빈둥거리는 것도 고역이다.

**待** : 기다릴 대, 9획 ────────────────────── 부수: 彳

조금 걸을 척(彳)과 절 사(寺)가 합하여 이루어진 모습으로, '기다리다'나 '대우하다'라는
뜻을 가진 글자이다.

> **천대(賤待)** : 천할 천(賤)와 대우할 대(待)로, 업신여겨 천하게 대우하거나 대함.
> (예문) 그녀는 평생 남편과 시어머니로부터 천대를 받고 살았다.

#간절함

일일삼추(一日三秋) : 하루가 삼 년 같다는 뜻으로 몹시 애태우며 간절하게 기다림.
예문 그녀를 기다리는 세월은 일일삼추와 같았다.

낙월옥량(落月屋梁) : 벗을 생각하는 마음이 간절함을 이르는 말.
예문 나는 매일 밤 '낙월옥량'의 감정에 휩싸이며 그를 그리워했다.

연경학망(延頸鶴望) : 학처럼 목을 길게 뽑고 바라본다는 뜻으로
매우 간절한 기다림을 뜻함.
예문 어머니는 아들이 고향으로 내려오기만 연경학망 바라고 있었다.

【　　학수고대, 이럴 때 이렇게　　】

1. 국민들은 우리나라 선수단의 승전보를 학수고대했다.

2. 어머니는 아들이 고향으로 내려오기만 학수고대 바라고 있었다.

3. 연인들은 멀리 떨어진 서로를 학수고대하며 편지로 소통했다.

4. 나는 집에서 사랑하는 슬비에게 편지가 오기를 학수고대했다.

5. 팬들은 그룹의 컴백을 학수고대하며 무대를 기대하고 있다.

한편으로는 기쁜 감정과
한편으로는 슬픈 감정이 교차할 때

일희일비

# 一喜一悲

일희일비(一喜一悲)는 한번 기쁘고 한번 슬프다는 뜻으로, 기쁨과 슬픔이 번갈아 나타나는 감정 상태를 의미하는 말입니다. 특히 이 표현은 작은 일에 크게 기뻐하거나 슬퍼하는 감정 기복의 상황을 표현하는 말입니다. 일상생활 속에서 자신의 감정 상태는 평온하고 안정적인지, 기복이 심한 상태인지를 확인할 수 있는 좋은 말이라 생각됩니다. 자신의 감정이 기복이 심하다면 감정의 균형을 유지해야 합니다. 감정 기복이 심하다는 것은, 그만큼 마음이 불안정한 상태를 의미하기 때문에, 심호흡이나 명상을 통해 마음의 평정심을 찾는 것이 중요합니다.

〚 한자를 알면 뜻이 보인다 〛

一喜一悲 : 한 번[一] 기쁘고[喜] 한 번[一] 슬픔[悲]
기쁜 일과 슬픈 일이 번갈아 일어남.

**一** : 한 일, 1획 ──────────────────────── 부수: 一

'하나'나 '첫째', '오로지'라는 뜻을 가진 글자로, 막대기를 옆으로 눕혀놓은 모습을 그린 것이다.

> 일치(一致) : 한 일(一)과 이룰 치(致)로, 서로 꼭 맞음.
> (예문) 이것은 우연의 일치로만 볼 수 없다.

**喜** : 기쁠 희, 12획 ──────────────────── 부수: 口

악기 이름 주(壴)와 입 구(口)가 합하여 이루어진 모습으로, '기쁘다'나 '즐겁다'라는 뜻을 가진 글자이다. 변형된 북의 모양에 사람의 입을 더해 기쁨의 소리를 낸다는 의미에서 '기쁘다'는 뜻이 만들어졌다.

> 희보(喜報) : 기쁠 희(喜)와 갚을 보(報)로, 기쁜 소식.
> (예문) 취업 준비를 하던 막내아들이 취직했다는 희보를 전해왔다.

**一** : 한 일, 1획 ──────────────────────── 부수: 一

'하나'나 '첫째', '오로지'라는 뜻을 가진 글자로, 막대기를 옆으로 눕혀놓은 모습을 그린 것이다.

> 일선(一線) : 한 일(一)과 줄 선(線)으로, 어떤 분야나 계통에서 직접 일을 처리하는 위치.
> (예문) 그는 이번 기회에 아들에게 회사를 물려주고 일선에서 물러날 계획이다.

**悲** : 슬플 비, 12획 ──────────────────── 부수: 心

마음 심(心)과 아닐 비(非)가 합하여 이루어진 모습으로, '슬프다'나 '서럽다'라는 뜻을 가진 글자이다. '마음(心)이 영 아니다(非)'라는 의미로, 기분이 좋지 않다는 뜻이다. 그래서 悲는 슬픈 감정을 표현하는 뜻으로 쓰이고 있다.

> 비운(悲運) : 슬플 비(悲)와 옮길 운(運)으로, 슬픈 운명.
> (예문) 한국 전쟁은 우리 민족에게 크나큰 비운이었다.

#### #슬픔

**풍수지탄**(風樹之嘆) : 어버이가 돌아가시어 효도할 수 없는 슬픔.

[예문] 풍수지탄이라는 말이 있듯이, 부모님 살아 계실 때 효도해라.

**고분지통**(鼓盆之痛) : 아내가 죽은 슬픔.

[예문] 고분지통에 얼마나 상심이 크십니까?

**희비애환**(喜悲哀歡) : 기쁨과 슬픔과 애처로움과 즐거움.

[예문] 그 영화에는 삶의 희비애환이 잘 드러나 있다.

〖 　일희일비, 이럴 때 이렇게　 〗

1. 어차피 일희일비하는 인생이니 좋은 일이라고 기쁠 것도, 나쁜 일이라고 슬플 것도 없다네.

2. 미국 금융 시장의 소식 하나하나에 일희일비하는 것은 요즘 누구나 공감하는 일이다.

3. 너 그렇게 칭찬이나 비난에 일희일비해서는 일상이 피곤하고 줏대가 없어진다.

4. 입시만이 전부였던 당시의 나는 오로지 오르내리는 성적에 일희일비했었다.

5. 주식 초보는 대수롭지 않은 하락과 상승에 매우 일희일비한다.

생각과 마음이 초조하여
속을 애태우는 심정을 표현할 때

노심초사

# 勞心焦思

노심초사(勞心焦思)는 마음속으로 애를 쓰고 생각이 많아 속이 탄다는 뜻으로, 어떤 일에 대한 걱정과 우려로 몹시 불안한 마음 상태를 말합니다. 시험을 결과를 기다리거나, 일의 결과를 기다리거나, 사랑을 잃게 될까 불안하거나 등 주로 불확실한 미래에 대해 걱정하거나, 어떤 일에 대한 책임감이나 기대감이 클 때 노심초사라는 표현을 쓰게 됩니다. 현대 사회는 경쟁이 심하고 불확실성이 커져 많은 사람들이 노침초사하며 살아갑니다. 특히 직장 생활, 학업, 인간관계 등 다양한 분야에서 스트레스를 받고, 이로 인해 심리적 어려움을 겪는 사람들이 많습니다. 이러한 불안한 심리상태를 벗어나기 위해서는 건강한 마음을 유지하기 위해 노력하고, 긍정적인 자세로 삶을 대하는 것이 중요합니다.

[ 한자를 알면 뜻이 보인다 ]

勞心焦思 : 애를[心] 쓰고[勞] 속을 태우[焦]며 생각함[思]
마음속으로 애를 쓰며 속을 태움.

**勞** : 일 할 로(노), 12획 ──────────────── 부수: 力

불 화(火), 덮을 멱(冖), 힘 력(力)이 합하여 이루어진 모습이다. 불이 계속해서 타오를 수 있도록 힘을 쓴다는 의미에서 '일하다'나 '힘들이다', '지치다'라는 뜻을 가진 글자이다.

> **공로**(功勞) : 공 공(功)과 일할 노(勞)로, 노력이나 수고 또는 공적.
> 예문 청년은 국위를 선양한 공로로 나라에서 표창을 받았다.

**心** : 마음 심, 4획 ──────────────── 부수: 心

'마음'이나 '생각', '심장', '중앙'이라는 뜻을 가진 글자이다. 사람의 심장 모양을 본뜬 글자로 고대에는 사람의 뇌에서 지각하는 개념이 모두 심장에서 나오는 것으로 인식했다.

> **심기**(心氣) : 마음 심(心)과 기운 기(氣)로, 마음에 느껴지는 기분.
> 예문 요즘 어머님의 심기가 매우 불편하시다.

**焦** : 탈 초, 12획 ──────────────── 부수: 灬

연화발 화(灬)와 새 추(隹)가 합하여 이루어진 모습으로, '타다', '그을리다', '상처내다'의 뜻을 가진 글자이다. 새 밑에 불을 놓고 태우는 모양에서 '태우다'는 의미가 만들어졌으며, 후에 사람이 마음을 졸이거나 난해한 생각을 한다는 의미에서 '애태우다'까지 파생되었다.

> **초미**(焦眉) : 탈 초(焦)와 눈썹 미(眉)로, 매우 위급함을 뜻함.
> 예문 미국과 이라크의 대치 상태가 초미의 국면으로 치닫고 있다.

**思** : 생각 사, 9획 ──────────────── 부수: 心

밭 전(田)과 마음 심(心)이 합하여 이루어진 모습으로, '생각'이나 '심정', '정서'라는 뜻을 가진 글자이다. 나누어진 밭고랑처럼 한 인간의 마음속에는 여러 가지 생각과 사상이 들어 있다.

> **사색**(思索) : 생각할 사(思)와 찾을 색(索)으로, 깊이 헤아려 생각함.
> 예문 그는 말년에 사색과 독서로 시간을 보냈다.

#생각 #판단

**천만의외**(千萬意外) : 전혀 생각하지 아니한 상태.
[예문] 자기에게 뜻하지 않은 일이 생길 줄은 천만의외였다.

**사려분별**(思慮分別) : 깊게 생각해 다른 일이나 사물을 구별하여 가름.
[예문] 사려분별이 미숙한 청소년들에게는 사건 뉴스가 모방의 대상이 될 수도 있다.

**무상무념**(無想無念) : 모든 생각을 떠나 마음이 빈 상태.
[예문] 그는 시골로 내려가 조용하게 지내며 무상무념에 빠져 살고 있다.

[[ 노심초사, 이럴 때 이렇게 ]]

1. 그녀는 작년의 실적이 저조하여 올해 승진에서 누락되지 않을까 노심초사하였다.

2. 그녀는 시험 결과 발표를 노심초사하며 기다렸다.

3. 그 부부는 자녀들이 조금만 버릇없이 굴어도 행여 악소년이 될까
   노심초사하였다.

4. 매수한 주식이 폭락하지 않을까 노심초사하였다.

5. 예비 졸업생들은 졸업 날이 다가와도 마땅한 일자리를 못 구해 노심초사하며
   도서관에서 낮밤을 지새운다.

정이 많고 감성이 풍부하여
말과 마음이 따뜻한 사람을 표현할 때

### 다정다감

# 多情多感

　다정다감(多情多感)은 정이 많고 감정이 풍부하다는 뜻으로, 사랑하고 아끼는 마음이 넘치고 감정표현이 풍부한 사람을 표현할 때 쓰이는 말입니다. 쉽게 말하면 남에게 따뜻한 마음과 사랑을 베풀고, 자신의 감정을 솔직하게 표현하는 사람이라는 뜻입니다. 다정다감한 사람은 공감과 배려를 중시하며, 정서적인 감정의 풍부함과 긍정적인 사고를 소유한 사람으로, 인간관계에서 존경과 사랑을 많이 받습니다. 그러나 타인의 감정에 공감하는 것도, 중요하지만 자신의 감정을 살펴보는 것도, 중요하다는 것을 잊지 말아야 합니다.

[　　**한자를 알면 뜻이 보인다**　　]

多情多感 : 정[情]이 많고[多] 느낌[感]이 많다[多]
마음에 정이 많고 감성이 풍부함.

**多** : 많을 다, 6획 ──────────────────────── 부수: 夕

저녁 석(夕)이 부수로 지정되어 있지만, 고기 육(肉)을 겹쳐 그린 것으로 '많다'나 '낮다', '겹치다'라는 뜻을 가진 글자이다.

> **과다(過多)** : 지날 과(過)와 많을 다(多)로, 지나치게 많다.
> (예문) 음식물의 과다 섭취는 비만의 원인이 된다.

**情** : 뜻 정, 11획 ──────────────────────── 부수: 忄

마음 심(心)과 푸를 청(靑)이 합하여 이루어진 모습이다. 감정과 정서의 의미로 '뜻'이나 '사랑', '인정'이라는 뜻을 가진 글자이다.

> **심기(心氣)** : 마음 심(心)과 기운 기(氣)로, 마음에 느껴지는 기분.
> (예문) 요즘 어머님의 심기가 매우 불편하시다.

**多** : 많을 다, 6획 ──────────────────────── 부수: 夕

저녁 석(夕)이 부수로 지정되어 있지만, 고기 육(肉)을 겹쳐 그린 것으로 '많다'나 '낮다', '겹치다'라는 뜻을 가진 글자이다.

> **다발(多發)** : 많을 다(多)와 필 발(發)로, 자주 발생함.
> (예문) 요즘은 각종 외국인 범죄가 다발로 일어나고 있다.

**感** : 느낄 감, 13획 ──────────────────────── 부수: 心

다 함(咸)과 마음 심(心)이 합하여 이루어진 모습으로, 사람의 마음을 움직인다는 의미에서 '느끼다'나 '감동하다'라는 뜻을 가진 글자이다.

> **질감(質感)** : 바탕 질(質)과 느낄 감(感)으로, 성질의 차이에 따라 달라지는 독특한 느낌.
> (예문) 목재 가구를 살 때는 나무의 질감과 색상 따위를 잘 살펴야 한다.

#감정　#느낌

**감개무량(感慨無量)** : 마음에 깊이 사무치는 느낌이 그지없음.
[예문] 오랜만에 고향에 돌아오니 모든 것이 감개무량하였다.

**막막궁산(莫莫窮山)** : 고요하고 쓸쓸한 느낌이 들 정도로 깊은 산속.
[예문] 나는 막막궁산에 혼자 내던져진 사람처럼 깊은 산속을 혼자 걷고 있다.

**격세지감(隔世之感)** : 다른 세상 혹은 다른 세대가 된 것 같은 느낌.
[예문] 오랜만에 찾은 고향의 모습이 많이 달라져 격세지감이었다.

〖　　다정다감, 이럴 때 이렇게　　〗

1. 나는 무엇보다도 그녀의 다정다감한 성격이 마음에 들었다.

2. 오빠는 늘 다정다감하게 나를 챙겨 주었다.

3. 영수는 사귐성이 없고 무뚝뚝하게 보이지만, 사귀어 보면 참 다정다감한
   사람이다.

4. 친구와의 오랜 우정을 되새겨보며 다정다감한 순간들이 떠올랐다.

5. 연인들은 커피숍에서 다정다감한 대화를 나누며 시간을 보냈다.

감히 바랄 수도 없고
꿈도 꾸지 못하는 마음을 표현할 때

언감생심

# 焉敢生心

언감생심(焉敢生心)은 어찌 감히 그런 마음을 품을 수 있겠는가라는 뜻으로, 어떤 일이나 상황에 대해 전혀 생각하거나 바라지 않는다는 솔직한 자기입장을 설명할 때 표현하는 말입니다. 언감생심은 자신의 위치와 상황을 제대로 인식하고 욕심이나 허황된 꿈을 자제하는 겸손한 태도와 자기의 능력과 한계를 명확히 이해하고 무리한 욕망을 채우지 않는 자기 인식과 성찰을 가르쳐 주는 말입니다. 즉 이 말은 자신의 분수에 맞지 않는 큰 욕심이나 기대를 품는 것을 경계하라는 의미를 담고 있습니다. 그러므로 언감생심은 자신이 할 수 있는 것과 할 수 없는 것을 명확히 인식하는 것이 필요하며, 자신의 위치를 자각하고 무리한 욕심을 버리는 데 도움이 될 것입니다.

[ 　한자를 알면 뜻이 보인다　 ]

焉敢生心 : 어찌[焉] 감히[敢] 그런 마음[心]을 낼[生] 수 있으랴
감히 그런 마음을 품을 수 없음.

**焉** : 어찌 언, 11획 ─────────────────────────────────────── 부수: 灬

바를 정(正)과 새 조(鳥)가 합하여 이루어진 모습이며, '어찌'나 '어떻게'라는 뜻을 가진 글자이다.

> **종언(終焉) : 끝날 종(終)과 어찌 언(焉)으로, 없어지거나 죽어 존재가 사라짐.**
>
> 예문 독재가 종언을 고하고 새로운 민주 정부가 수립되었다.

**敢** : 감히 감, 12획 ─────────────────────────────────────── 부수: 攵

아래 하(丁)와 귀 이(耳), 칠 복(攵)이 합하여 이루어졌으며, '감히'나 '함부로', '용맹스럽다'라는 뜻을 가진 글자이다. 본래 '용맹하다'라는 뜻으로 만들어졌었지만, 시간이 지나면서 '감히'나 '함부로'라는 뜻으로 확대되었다.

> **감행(敢行) : 감히 감(敢)과 갈 행(行)으로, 비난받을 만하더라도 과감하게 실행하다.**
>
> 예문 팀장은 직원들의 불만에도 불구하고 프로젝트 진행을 감행하였다.

**生** : 날 생, 5획 ─────────────────────────────────────── 부수: 生

갑골문을 보면 땅 위로 새싹이 돋아나는 모습을 본뜬 것으로, '나다'나 '낳다', '살다'라는 뜻을 가진 글자이다.

> **생성(生成) : 날 생(生)과 이룰 성(成)으로, 사물이 생겨남. 또는 생겨서 이루어지게 함.**
>
> 예문 오 박사는 태양계의 생성 과정을 밝히기 위한 연구를 계속하고 있다.

**心** : 마음 심, 4획 ─────────────────────────────────────── 부수: 心

'마음'이나 '생각', '심장', '중앙'이라는 뜻을 가진 글자이다. 사람의 심장 모양을 본뜬 글자로 고대에는 사람의 뇌에서 지각하는 개념이 모두 심장에서 나오는 것으로 인식했다.

> **의심(疑心) : 의심할 의(疑)와 마음 심(心)으로, 확실히 알 수 없어서 의아하게 여김.**
>
> 예문 저 친구는 남한테 속고만 살았는지 의심이 많은 친구야.

#언감생심 유의어

**감불생심(敢不生心) : 감히 무엇을 할 마음도 내지 못함.**

예문　세상에는 갖고 싶은 것들이 너무도 많지만, 지금의 우리 처지로는 감불생심이다.

**막감개구(莫敢開口) : 두려워서 할 말을 감히 하지 못함.**

예문　그는 부장님의 잘못을 알고도 피해당할까 두려워 막감개구로 함구하고 있다.

**안감생심(安敢生心) : 감히 바랄 수 없음.**

예문　가뭄이 심하게 들어 하얀 쌀밥을 먹는다는 것은 안감생심 꿈도 못 꿀 일이다.

〚　　언감생심, 이럴 때 이렇게　　〛

1. 그해는 가뭄이 심하게 들어 하얀 쌀밥을 먹는다는 것은 언감생심 꿈도 못 꿀
   일이었지요.

2. 나는 그녀를 보며 언감생심 손 한번 잡아 볼 생각을 못하고 있었다.

3. 이놈, 누구 앞이라고 언감생심 그런 말을 하는 것이냐?

4. 우리 형편에 고급 아파트는 언감생심 꿈도 못 꾼다.

5. 그들은 엄격한 부모님 밑에서 자란 탓에 언감생심 불장난할 생각은 꿈도 꾸지
   못했다.

사람의 도리를 모르고
마음이나 행동이 흉악한 사람을 표현할 때

인면수심

# 人面獸心

인면수심(人面獸心)은 얼굴은 사람이나 마음은 짐승과 같다는 뜻으로, 마음이나 행동이 몹시 흉악한 사람을 의미하는 말입니다. 즉 상대방의 얼굴과 외모는 차분하고 나쁘지 않지만, 속은 사나운 짐승과 같이 냉혹하고 잔인한 마음을 가진 사람을 비유적으로 표현할 때 사용되는 말입니다. 사람은 종종 외적으로는 차분하고 친절해 보일 수는 있지만, 그의 진정한 성품은 외면과 다를 수 있습니다. 사람을 판단할 때 너무 겉으로만 판단하지 말고 내면의 성품을 파악하는 것이, 중요함을 가르쳐 주는 표현이라 할 수 있습니다.

〖　　한자를 알면 뜻이 보인다　　〗

人面獸心 : 얼굴[面]은 사람[人]의 모습이나 마음[心]은 짐승[獸]과 같다
마음이나 행동이 몹시 흉악한 사람을 말함.

人 : 사람 인, 2획 ——————————————————— 부수: 人

팔을 지긋이 내리고 있는 사람을 본뜬 것으로 '사람'이나 '인간'이라는 뜻을 가진 글자이다. 人이 부수로 쓰일 때는 주로 사람의 행동이나 신체의 모습, 성품과 관련된 의미를 전달하게 된다.

> 인위적(人爲的) : 사람 인(人)과 할 위(爲), 과녁 적(的)으로, 사람의 힘으로 이루어 지는 것.
> (예문) 인위적으로 식욕을 억제하는 다이어트 제품은 부작용을 초래할 수 있다.

面 : 낯 면, 9획 ——————————————————— 부수: 面

사람의 '얼굴'이나 '평면'이라는 뜻을 가지며 사람의 머리둘레와 눈을 그린 것으로 사람의 얼굴에서 비롯되는 '표정'이나 '겉모습'이라는 뜻으로도 쓰인다.

> 지면(紙面) : 종이 지(紙)와 낯 면(面)으로, 기사나 글이 실린 종이의 면. 또는 기사.
> (예문) 이 책은 환경 문제에 대한 내용이 지면의 대부분을 차지하고 있다.

獸 : 짐승 수, 19획 ——————————————————— 부수: 犬

짐승 수(嘼)와 개 견(犬)이 합하여 이루어진 모습으로, 짐승을 사냥하는 개의 모양을 의미해서 '짐승'이나 '가축'이라는 뜻을 가진 글자가 되었다.

> 금수(禽獸) : 날짐승 금(禽)과 짐승 수(獸)로, 날짐승과 길짐승.
> (예문) 도덕도 인정도 없는 그는 금수와도 같다.

心 : 마음 심, 4획 ——————————————————— 부수: 心

'마음'이나 '생각', '심장', '중앙'이라는 뜻을 가진 글자이다. 사람의 심장 모양을 본뜬 글자로 고대에는 사람의 뇌에서 지각하는 개념이 모두 심장에서 나오는 것으로 인식했다.

> 자부심(自負心) : 스스로 자(自)와 질 부(負), 마음 심(心)으로, 자부하는 마음.
> (예문) 그 장인은 세계 제일의 구두를 만든다는 자부심이 대단하다.

215

〚   키워드로 보는 사자성어   〛

#짐승

**비금주수**(飛禽走獸) : 날짐승과 길짐승을 아울러 뜻하는 말.
예문 뉴스에서 환경 오염으로 인해 비금주수의 서식지가 파괴되고 있다고 보도했다.

**수궁즉설**(獸窮則齧) : 사람도 궁해지면 나쁜 짓을 하게 됨.
예문 사람이 궁지에 몰리면 수궁즉설로 변할 수 있음을 명심해야 한다.

**시교수축**(豕交獸畜) : 사람을 예로써 대우하지 않고 짐승과 같이 취급하는 것.
예문 공장에서 일하는 외국인 근로자들을 시교수축과 같이 대우하는 것을 보면 화가 난다.


〚   인면수심, 이럴 때 이렇게   〛

1. 11세 여아를 폭행해 중상해를 입힌 인면수심의 계모가 경찰에 검거됐다.

2. 그는 그야말로 인면수심의 파렴치한 인간이었다.

3. 초등학생을 납치해 성폭행한 인면수심 범에게 구속영장이 신청됐다.

4. 우리는 인면수심한 사람들에게 속아서 결국 큰 손실을 입게 되었다.

5. 자기 부모를 살해한 범인은 인면수심의 악마였다.

## 자존감이 낮고 열등감에 사로잡혀 스스로 부족하다고 느껴질 때

자격지심

# 自激之心

자격지심(自激之心)은 자신이 해놓은 일에 만족하지 못하고 부족함을 느끼는 마음을 뜻하는 말로, 자신에 대해 부정적인 감정을 가지는 마음을 의미합니다. 따라서 자격지심은 자기의 능력이나 성과에 만족하지 못하고 부족함을 느껴 스스로 낮추거나 비판할 때 표현되는 말입니다. 자격지심을 극복하기 위해서는 타인과 자신을 비교하지 않아야 하며, 자신의 장점과 가치를 인정하고 존중하는 것으로부터 출발해야 합니다. 자격지심은 누구에게나 있을 수 있는 마음의 감정이지만, 지나치게 심하면 자신감의 저하, 우울증, 불안 장애 등으로 이어져 대인관계가 힘들어질 수 있음을 명심해야 합니다.

〖 한자를 알면 뜻이 보인다 〗

自激之心 : 스스로[自]를 격하게[激] 하는[之] 마음[心]

자기가 일해 놓고 스스로 미흡하게 여기는 마음.

**自** : 스스로 자, 6획 ──────────────────── 부수: 自

사람의 코 모양을 본뜬 것으로, 자신을 가리키는 의미에서 '스스로'나 '몸소', '자기'라는 뜻을 가진 글자이다. 지금은 鼻(코 비)가 '코'라는 뜻을 대신 쓰이고 있다.

> **자아(自我)** : 스스로 자(自)와 나 아(我)로, 자기 자신에 관한 각 개인의 의식 또는 관념.
> [예문] 자아는 인간의 정신 건강에 중요한 역할을 한다.

**激** : 격할 격, 16획 ──────────────────── 부수: 氵

물 수(水)와 노래할 교(敫)가 합하여 이루어진 모습이다. 강한 물살이 흘러 내려가면서 부딪쳐 물보라가 튀는 상황에서 '격하다'나 '심하다', '세차다'라는 뜻으로 쓰이는 글자이다.

> **격동(激動)** : 격할 격(激)과 움직일 동(動)으로, 정세 따위가 급격하게 변함.
> [예문] 그가 국무총리로 재임했던 그 시기는 격동의 시기였다.

**之** : 갈 지, 4획 ──────────────────── 부수: 之

갑골문자를 보면 발을 뜻하는 止(발 지)가 그려져 있는데 사람의 발을 그린 것으로 '가다'나 '~의', '~에'와 같은 뜻으로 쓰이는 글자이다.

> **감지덕지(感之德之)** : 과분한듯하여 아주 고맙게 여김.
> [예문] 갈 곳 없는 처지에 눈비만 피할 수 있으면 감지덕지가 아닌가.

**心** : 마음 심, 4획 ──────────────────── 부수: 心

'마음'이나 '생각', '심장', '중앙'이라는 뜻을 가진 글자이다. 사람의 심장 모양을 본뜬 글자로 고대에는 사람의 뇌에서 지각하는 개념이 모두 심장에서 나오는 것으로 인식했다.

> **야심(野心)** : 들 야(野)와 마음 심(心)으로, 무엇을 이루고자 마음속에 품고 있는 욕망.
> [예문] 그녀의 권력에 대한 야심은 정말로 대단하다.

# 激(격할 격)과 관련된 성어

**감격무지**(感激無地) : 감격스러운 마음을 이루 헤아릴 수 없음.

예문 아들이 이북에 살아있다는 소식을 듣고 몹시 감격무지하여 말을 잇지 못하였다.

**격탁양청**(激濁揚淸) : 악한 것을 없애고 선한 것을 가져옴.

예문 자고로 격탁양청은 인류의 공통적 본성이라 말할 수 있다.

**격화일로**(激化一路) : 기세가 자꾸 사납고 세차게 되어 감.

예문 여야 대립이 격화일로로 치닫고 있다.

〖　　자격지심, 이럴 때 이렇게　　〗

1. 스승님을 그리워하면서도 찾아뵙지 못하는 것은 내 보잘것없는 자격지심 때문이다.

2. 이 프로젝트를 완성하고 나서도 자격지심이 들어, 그는 더 완벽한 결과물을 만들기 위해 노력했다.

3. 아마 그것은 열등감에서 나오는 자격지심이었을 것이다.

4. 그녀는 자기 잘못에 대한 자격지심 때문에 팀원들의 눈치를 살폈다.

5. 그동안 그에 대해 느꼈던 거리감은 내 자격지심 때문이라고 생각한다.

다른 사람의 어려움과 불행을
안타깝게 여기는 마음을 표현할 때

## 측은지심

# 惻隱之心

측은지심(惻隱之心)은 슬퍼하고 가엾게 여기는 마음이라는 뜻으로, 측은히 여기는 마음을 의미합니다. 즉 다른 사람이나 생명체의 고통이나 불행을 보고 마음 아파하고 동정하는 마음을 표현할 때 사용되는 말입니다. 맹자는 측은지심이 인(仁)의 난서라고 말합니다. 측은지심은 타인의 불행을 남의 일 같지 않게 느끼는 마음, 즉 동정심입니다. 사람은 동정심을 가지고 있으므로, 자기 자신 안에만 갇히지 않고 타인의 감정을 공감함으로써, 나를 보살피듯이 타인을 보살필 수 있어야 합니다. 측은지심이라는 성어를 통해 여러분이 삶 속에서 불행한 이웃을 더욱 세심하게 배려하는 마음을 가질 수 있기를 바랍니다.

[    한자를 알면 뜻이 보인다    ]

惻隱之心 : 슬퍼하고[惻] 가엾어[隱] 하는[之] 마음[心]
사단(四端) 중 인(仁)으로 남의 불행을 불쌍히 여기는 마음.

**惻** : 슬퍼할 측, 12획 ──────────────────────── 부수: 忄

심방변 심(忄)과 법칙 칙(則)이 합하여 이루어진 모습으로, 가엾게 여겨 슬퍼한다는
의미에서 '슬퍼하다', '가엾게 여기다'라는 뜻을 가진 글자이다.

> 측은(惻隱) : 슬퍼할 측(惻)과 가엾어 할 은(隱)으로, 가엾고 애처로움.
> (예문) 나이도 어린 것이 그런 일을 당했다는 게 측은도 하고 너무 안쓰럽다.

**隱** : 가엾어 할 은, 17획 ──────────────────────── 부수: 阝

언덕 부(阜)와 삼갈 은(㥯)이 합하여 이루어진 모습으로, 언덕 뒤에 숨어 '숨다'나
'음흉하다', '수수께끼'라는 뜻을 가진 글자이며, '가엾게 여기다'라는 뜻도 가지고 있다.

> 은닉(隱匿) : 숨을 은(隱)과 숨을 닉(匿)으로, 물건을 감추거나 범인 따위를 숨겨 둠.
> (예문) 검찰은 이들에게 증거 인멸, 범인 은닉의 죄목을 적용하려고 검토하고 있다.

**之** : 갈 지, 4획 ──────────────────────── 부수: 之

갑골문자를 보면 발을 뜻하는 止(발 지)가 그려져 있는데 사람의 발을 그린 것으로
'가다'나 '~의', '~에'와 같은 뜻으로 쓰이는 글자이다.

> 애지중지(愛之重之) : 매우 사랑하고 소중히 여기다.
> (예문) 우리는 그 아이를 온 정성을 다해서 애지중지 길러왔습니다.

**心** : 마음 심, 4획 ──────────────────────── 부수: 心

'마음'이나 '생각', '심장', '중앙'이라는 뜻을 가진 글자이다. 사람의 심장 모양을
본뜬 글자로 고대에는 사람의 뇌에서 지각하는 개념이 모두 심장에서 나오는 것으로
인식했다.

> 심혈(心血) : 마음 심(心)과 피 혈(血)로, 온 힘과 정신.
> (예문) 박 감독이 몇 년 동안 심혈을 기울여 만든 영화가 내일 개봉된다.

## # 맹자의 사단(四端) : 인(仁), 의(義), 예(禮), 지(智)

**수오지심**(羞惡地心) : 의롭지 못함을 부끄러워하고 착하지 못함을 미워하는 마음.

[예문] 지혜로운 사람은 자신의 실수를 인정하고, 수오지심을 느끼며 항상 배우려 한다.

**사양지심**(辭讓之心) : 겸손하여 남에게 사양할 줄 아는 마음.

[예문] 그녀는 사양지심으로 선물 받기를 거부했습니다.

**시비지심**(是非之心) : 옳고 그름을 판단할 줄 아는 마음.

[예문] 판사는 시비지심을 가지고 공정한 판결을 내렸습니다.

〚　　측은지심, 이럴 때 이렇게　　〛

1. 그녀는 자연재해로 큰 피해를 입은 주민들에게 측은지심을 느껴, 봉사활동을 시작했습니다.

2. 사람의 재주가 아무리 뛰어나도 남을 생각하는 측은지심이 없으면, 주변에 사람이 없게 된다.

3. 세상에 측은지심이 넘친다면, 지금보다 자살률이 떨어질 것이다.

4. 불우한 이웃에게 도움을 주는 그의 측은지심은 우리 모두에게 본보기가 되었다.

5. 인간은 누구나 불우한 처지에 있는 사람을 불쌍히 여기는 측은지심을 갖고 있다.

열 번째 마당

# 사랑

사랑은 끝없는 이야기 속에
인생이라는 책을 아름답게 채워간다.

·

사랑은 끝없는 이야기입니다.
그 이야기 속에는 수많은 감정이 기록되고,
각기 다른 색깔의 페이지들이 모여 한 권의 책을 만듭니다.
당신의 사랑 이야기책은 어떤 색깔의 페이지들로
기록되어가고 있습니까?

매우 사랑하여
소중히 여기는 마음을 표현할 때

애지중지

# 愛之重之

애지중지(愛之重之)는 단순히 좋아하는 것, 이상으로 깊은 애정과 소중함을 가지고 아끼는 마음의 감정 상태를 표현하는 말입니다. 이 말은 사람뿐만 아니라 사물이나, 농불, 물건, 추억 등 여러 가지를 소중하게 여기고, 애를 써서 아끼고 지키려는 감정을 표현할 때 사용됩니다.

아무리 작고 사소한 것이라도 그것을 소중히 여기는 마음은 그것을 더욱 값진 것으로 만듭니다. 이런 감정은 사람들 사이에서 깊은 유대감을 형성하여, 서로를 더욱 소중히 여기게 만듭니다. 그렇기에 애지중지는 긍정적이고 따뜻한 마음의 감정을 표현하는데 가장 아름답고 이상적인 표현이라 할 수 있습니다.

[ 　　한자를 알면 뜻이 보인다　　 ]

愛之重之 : 사랑[愛]하고[之] 소중히[重] 여김[之]
매우 사랑하고 조중히 여기는 모양.

**愛** : 사랑 애, 12획 ──────────────────────────── 부수: 心

손톱 조(爫)와 덮을 멱(冖), 마음 심(心), 천천히 걸을 쇠(夊)가 합해진 모습이다.
옛 사람들은 심장에서 모든 따뜻한 마음과 생각들이 나온다고 믿었으며, 爫은 여기서
사람의 손을 뜻한다. 그렇다면, 무엇인가를 베풀고 싶은 마음으로 누군가에게 조금씩
다가가고 있는 모습은 곧 '사랑'이라고 말할 수 있을 것이다.

---

애착(愛着) : 사랑 애(愛)와 붙을 착(着)으로, 지극히 아끼고 사랑함.
(예문) 그녀는 학생들을 가르치는 일에 강한 애착을 가지고 있다.

---

**之** : 갈 지, 4획 ──────────────────────────── 부수: 丿

갑골문자를 보면 발을 뜻하는 止(발 지)가 그려져 있는데 사람의 발을 그린 것으로
'가다'나 '~의', '~에'와 같은 뜻으로 쓰이는 글자이다.

---

연모지정(戀慕之情) : 이성을 사모하고 그리워하는 정.
(예문) 나는 연모지정의 마음을 담은 편지를 그녀에게 전달했다.

---

**重** : 무거울 중, 9획 ──────────────────────────── 부수: 里

동녘 동(東)과 사람 인(人)이 합하여 이루어진 모습으로, 사람이 짐을 메고 가는
모양에서 '무겁다'나 '소중하다'라는 뜻을 가진 글자이다. 里(마을 리)가 부수이지만
'마을'과는 아무 관계가 없다.

---

가중(加重) : 더할 가(加)와 무거울 중(重)으로, 책임이나 부담 등을 더욱 무겁게 함.
(예문) 교통 혼잡의 가중으로 장거리 출퇴근자들이 골치를 앓고 있다.

---

**之** : 갈 지, 4획 ──────────────────────────── 부수: 丿

갑골문자를 보면 발을 뜻하는 止(발 지)가 그려져 있는데 사람의 발을 그린 것으로
'가다'나 '~의', '~에'와 같은 뜻으로 쓰이는 글자이다.

---

좌지우지(左之右之) : 이리저리 제 마음대로 다루거나 휘두름.
(예문) 나라의 경제가 몇몇 재벌에 좌지우지되어서는 안 됩니다.

---

#사랑 애(愛)

**애국애족(愛國愛族) : 자기 나라와 민족을 사랑하는 것.**
(예문) 그는 많은 현대사의 굴곡 속에서 애국애족 정신을 실천해 왔다.

**애지석지(愛之惜之) : 사랑하고 아깝게 여기다.**
(예문) 그는 장문의 편지로 그녀에 대한 애지석지의 정을 표현했다.

**경천애인(敬天愛人) : 하늘을 숭배하고 인간을 사랑함.**
(예문) 옛 선비들은 경천애인의 태도를 정치가의 기본적인 자질로 삼았다.

〖  애지중지, 이럴 때 이렇게  〗

1. 대상이 물건이든 사람이든 너무나 애지중지하면 곧 집착이 된다.

2. 내가 애지중지로 만든 작품이 당선작으로 선정되었다.

3. 우리는 그 아이를 온 정성을 다해서 애지중지 길러왔습니다.

4. 교장 선생님께서는 앞뜰에 심은 소나무에 인생의 꿈을 실어 애지중지 기르셨다.

5. 할머니는 귀여운 손자가 혹여 상처라도 입을까 애지중지하며 손수 키우셨다.

하늘이 정해준 인연이라고
표현하고 싶을 때

천생연분

# 天生緣分

천생연분(天生緣分)은 하늘이 정해준 인연이라는 뜻으로, 결혼하거나 연인 관계에 있는 사람들 사이의 깊은 인연을 의미합니다. 천생연분이라는 표현은 두 사람이 함께하는 것이 하늘이 정해준 것처럼, 완벽하게 어울리고 잘 맞는다고 할 때 표현하는 말입니다. 인생을 살다 보면 필연이든 우연이든 다양한 사람과의 만남이 이루어지게 됩니다. 그러나 수많은 만남 속에서도 가장 소중하고, 가장 깊은 인연을 만났을 때 가장 아름답게 표현할 수 있는 말은 천생연분이라는 성어입니다. 지금 천생연분과도 같은 사람이 있다면 가장 아름다운 사랑의 말로 마음을 전하기를 바랍니다.

[    한자를 알면 뜻이 보인다    ]

天生緣分 : 하늘[天]에서 생겨난[生] 연분[緣][分]
하늘에서 미리 정해 준 것처럼 꼭 맞는 인연.

**天** : 하늘 천, 4획 ──────────────────────────── 부수: 大

큰 대(大)와 한 일(一)이 합해진 모습이다. 갑골문자를 보면 大자 위로 동그란 모양이
그려져 있는데 사람의 머리 위에 하늘이 있다는 뜻을 표현한 것으로 '하늘'이나
'하느님', '천자'라는 뜻을 가진 글자이다.

> **천명(天命)** : 하늘 천(天)과 목숨 명(命)으로, 하늘의 명령.
> [예문] 그는 자신의 성공을 천명이라고 생각하며 겸손하게 행동했다.

**生** : 날 생, 5획 ──────────────────────────── 부수: 生

갑골문을 보면 땅 위로 새싹이 돋아나는 모습을 본뜬 것으로, '나다'나 '낳다',
'살다'라는 뜻을 가진 글자이다.

> **생업(生業)** : 날 생(生)과 업 업(業)으로, 생활비를 벌기 위해 하는 일.
> [예문] 그들은 열심히 생업에 종사하고 있다.

**緣** : 인연 연, 15획 ──────────────────────────── 부수: 糸

가는 실 사(糸)와 판단할 단(彖)이 합하여 이루어진 모습으로, 사람 간의 보이지 않는
'줄'을 의미하여 '인연'이나 '연분'이라는 뜻을 가진 글자가 되었다.

> **업연(業緣)** : 업 업(業)과 인연 연(緣)으로, 직업이나 일로 인하여 맺어지는 인간관계.
> [예문] 나와 남용이는 같은 직장에서 만난 업연으로 맺어진 사이다.

**分** : 나눌 분, 4획 ──────────────────────────── 부수: 刀

여덟 팔(八)와 칼 도(刀)가 합하여 이루어진 모습이며, 칼로 나눈다는 의미에서
'나누다'나 '베풀어 주다'라는 뜻을 가진 글자로 쓰이고 있다.

> **분담(分擔)** : 나눌 분(分)과 멜 담(擔)으로, 역할이나 비용 따위를 나누어서 받음.
> [예문] 민호는 가족 간의 역할 분담이 공평하게 돌아가도록 신경을 썼다.

## # 하늘

**앙천통곡(仰天痛哭)** : 하늘을 쳐다보며 큰 소리로 욺.

[예문] 아이 엄마는 자식을 잃은 슬픔에 앙천통곡만 할 뿐이다.

**천고마비(天高馬肥)** : 하늘은 높고 말은 살찐다는 뜻으로 가을의 풍성함.

[예문] 가을은 천고마비의 계절이라 황금빛 물결이 일고 있었다.

**인명재천(人命在天)** : 사람 목숨은 하늘에 달려 있다.

[예문] 인명재천이라고 하니 수술 경과를 두고 보도록 하세.

〖　　천생연분, 이럴 때 이렇게　　〗

1. 어려운 시기에도 서로를 완벽하게 이해하고, 응원하는 것을 보면, 그 둘은 천생연분인 것 같다.

2. 두 연인은 천생연분이라 불릴 만큼 서로에게 완벽히 어울렸다. 그들의 관계는 모두에게 부러움을 자아냈다.

3. 저 두 사람은 정말 천생연분인 것 같아. 말없이도 서로의 마음을 알아차리는 것이 놀랍다.

4. 10년 전에 대학을 졸업하며 헤어졌지만, 이렇게 사회에서 다시 만나 결혼한 것을 보면 그녀와 나는 천생연분인 것이 틀림없다.

5. 승희와 훈이의 궁합을 보던 할머니는 두 사람이 다시없는 천생연분이라고 하였다.

오직 너에 대한 나의 사랑은
변함이 없음을 표현할 때


일편단심

# 一片丹心


일편단심(一片丹心)이란 한 조각의 붉은 마음이라는 뜻으로, 변치 않고 한결같은 마음을 의미합니다. 이 성어는 주로 사랑하는 사람에 대한 순수하고 변치 않은 마음을 표현할 때나 어떤 목표나 신념의 변함이 없고 꾸준히 노력하고 헌신한다는 의미로 표현되는 말입니다.

변화가 빠르고 경쟁이 치열한 현대 사회에서 일편단심을 유지하기란 쉽지 않습니다. 그러나 마음과 행동의 일치를 통해 내적 조화를 이루려는 노력과 함께 사랑하는 사람에 대해 한결같은 마음은 신뢰와 믿음을 형성하는데 있어서 가장 중요한 가치입니다.


[ 한자를 알면 뜻이 보인다 ]


一片丹心 : 한[一] 조각[片] 붉은[丹] 마음[心]
변치 않고 한결같은 참된 마음.

**一 :** 하나 일, 1획 ——————————————————————— 부수: 一

'하나'나 '첫째', '오로지'라는 뜻을 가진 글자로 一자는 막대기를 옆으로 눕혀놓은
모습을 그린 것이다.

> **일종(一種) :** 한 일(一)과 씨 종(種)으로, 막연하게 '어떤'의 뜻.
> (예문) 중국의 원시 문자는 일종의 소박한 그림으로 생각을 표현하는 수단이었다.

**片 :** 조각 편, 4획 ——————————————————————— 부수: 片

갑골문자를 보면 爿(우물 정)에 점이 찍혀있으며, '조각'이나 '한쪽', '쪼개다'라는 뜻을
가진 글자이다.

> **편육(片肉) :** 조각 편(片)과 고기 육(肉)으로, 얇게 저민 수육.
> (예문) 우리는 잔칫집에서 내놓은 편육을 맛나게 먹었다.

**丹 :** 붉을 단, 4획 ——————————————————————— 부수: 丶

점 주(丶)와 멀 경(冂), 한 일(一)이 합하여 이루어진 모습이며, '붉다'나 '붉은빛'이라는
뜻을 가진 글자이다.

> **단장(丹粧) :** 붉은 단(丹)과 단장할 단(粧)으로, 예쁘게 치장함.
> (예문) 누나는 곱게 단장을 하니 새색시 같았다.

**心 :** 마음 심, 4획 ——————————————————————— 부수: 心

'마음'이나 '생각', '심장', '중앙'이라는 뜻을 가진 글자이다. 사람의 심장 모양을
본뜬 글자로 고대에는 사람의 뇌에서 지각하는 개념을 모두 심장에서 나오는 것으로
인식했다.

> **호기심(好奇心) :** 좋을 호(好)와 기이할 기(奇), 마음 심(心)으로, 새롭고 신기한 것
> 을 좋아하는 마음.
> (예문) 호기심이 많은 사람은 학습 의욕도 높다고 한다.

## # 조각 편 (片)

**편언척자(片言隻字) : 짧은 말과 글이라는 뜻.**

예문) 이 일은 아내가 남편인 내게 편언척자의 상의도 하지 않고 저지른 일입니다.

**일엽편주(一葉片舟) : 자그마한 한 척의 배.**

예문) 명호는 망망대해의 일엽편주같은 고독을 느꼈다.

**편편옥토(片片沃土) : 어느 논밭이나 모두가 비옥함을 이르는 말.**

예문) 이곳은 쌀 생산의 40%를 차지할 만큼 편편옥토의 비옥한 평야 지역이다.

〚　　일편단심, 이럴 때 이렇게　　〛

1. 그녀는 남편에게 일편단심으로 지난 30년을 함께 보냈다.

2. 개나리는 꺾어서 아무 데나 꽂아도 살아나니 일편단심이 없고 지조가 없다고 여겨진다.

3. 그녀와 결별한 지 수년이 지났지만, 그녀에 대한 나의 일편단심은 변하지 않았다.

4. 여러분의 조국을 향한 일편단심은 헛되지 않았습니다.

5. 그는 어릴 때부터 일편단심으로 음악에 헌신했고, 결국 세계적인 아티스트가 되었다.

자나 깨나 잊지 못하는
마음이나 감정을 표현할 때

오매불망
# 寤寐不忘

오매불망(寤寐不忘)은 잠이 깨어 있을 때나 잠들어 있을 때나 잊지 못한다는 뜻으로, 누군가를 너무 그리워하거나 어떤 일을 간절히 바라는 마음을 표현할 때 사용하는 성어입니다. 또한 오매불망은 매우 중요하거나 강한 인상을 받은 사건, 경험과 같은, 잊지 않고 계속해서 기억하는 감정이나 추억 등에 대한 회상을 의미할 때도 사용되는 말입니다. 그러나 일반적으로는 미련이나 사랑, 그리움 등에 대한 감정을 표현할 때 사용합니다. 오매불망은 인간의 가장 기본적인 감정 중 하나인 애틋한 그리움을 표현하는 아름다운 말입니다.

[[     한자를 알면 뜻이 보인다     ]]

寤寐不忘 : 자나[寐] 깨나[寤] 잊지[忘] 못함[不]
자나 깨나 잊지 못함.

**寤** : 잠 깰 오, 14획 ——————————————————— 부수: 宀

갓머리(宀)와 나뭇조각 장(爿), 나 오(吾)가 합하여 이루어진 모습이다. 집 안 침상에서
일어나 잠에서 '깨어나다'는 의미와 함께 후에 '깨닫다'는 뜻까지 생성되었다.

---

　　오매사복(寤寐思服) : 잊지 아니하고 자나 깨나 늘 생각함.
　　[예문] 오매사복이라고 그 사건 때문에 꿈속에서도 생각이 날 정도이다.

---

**寐** : 잘 매, 12획 ——————————————————— 부수: 宀

갓머리(宀)와 나뭇조각 장(爿), 아닐 미(未)가 합하여 이루어진 모습으로, 집안 침상에
누워 아직 일어나지 않았다는 의미에서 '(잠을)자다', '죽다'의 뜻을 가진 글자가 되었다.

---

　　몽매지간(夢寐之間) : 잠을 자며 꿈을 꾸는 동안.
　　[예문] 할머니께서는 몽매지간에도 고향을 그리워하여 눈물을 흘리셨다.

---

**不** : 아닐 부(불), 4획 ——————————————————— 부수: 一

땅속으로 뿌리를 내린 씨앗을 본뜬 것으로, 아직 싹을 틔우지 못한 상태라는 의미에서
'아니다'나 '못하다', '없다'라는 뜻을 갖게 되었다.

---

　　부조화(不調和) : 아닐 부(不)와 고를 조(調), 고를 화(和)로, 서로 잘 어울리지 않음.
　　[예문] 한옥 사이에 세워진 고층 건물은 주위 환경과 부조화를 이루고 있었다.

---

**忘** : 잊을 망, 7획 ——————————————————— 부수: 心

망할 망(亡)과 마음 심(心)이 합하여 이루어진 모습으로, 생각을 잃었다는 의미에서
'잊다'나 '상실하다'라는 뜻을 가진 글자가 되었다.

---

　　망각(忘却) : 잊을 망(忘)과 물리칠 각(却)으로, 어떤 일이나 사실을 잊어 버림.
　　[예문] 그녀는 괴로운 자신의 과거를 망각 속에 묻어 버리고 싶었다.

---

# 잘 매

**전전불매(輾轉不寐)** : 몸을 이리저리 뒤척이며 잠을 이루지 못함.

[예문] 그녀를 생각하기만 하면 긴 밤을 전전불매하기 일수다.

**숙흥야매(夙興夜寐)** : 아침 일찍 일어나고 밤늦게 잔다는 뜻으로 부지런히 일함.

[예문] 성식이는 직장 내에서 숙흥야매하기로 소문이 나 있다.

**통소불매(通宵不寐)** : 밤새도록 잠을 이루지 못함.

[예문] 회사의 어려운 상황 때문에, 박 사장은 통소불매하고 있다.

[ 　오매불망, 이럴 때 이렇게 　]

1. 그는 최종 합격을 오매불망하며, 공부에 임했다.

2. 그녀에 대한 나의 마음이 오매불망하여, 눈 앞의 일이 손에 잡히지 않았다.

3. 그 시절 함께한 친구들과의 추억은 오매불망으로 내 마음에 새겨져 있다.

4. 할아버지는 고향에 두고 온 가족을 오매불망 그리워했다.

5. 식민통치에 시달리던 우리 민족은 우리나라가 독립하기를 오매불망하고 있었다.

깊은 정을 느끼고 서로 그리워하는 마음을
아름답게 표현할 때

연모지정

# 戀慕之情

연모지정(戀慕之情)은 누군가를 사랑하여 간절히 그리워하는 마음이라는 뜻으로, 여기서 '연모'란 어떤 사람이나 존재를 간절히 그리워한다는 뜻입니다. 연모시성은 우리의 마음속에 어떠한 감정이 자리 잡았을 때 그 감정이 진한 사랑과 그리움으로 이어지는 순간을 아름답게 표현한 말입니다. 하지만 누군가를 사랑하게 되었을 때, 그 사랑은 짝사랑이거나, 남몰래 그리워하는 사랑이 되어서는 안 됩니다. 연모지정의 애틋한 마음이 한 편의 시처럼 아름답게 보이지만, 사랑의 감정을 표현한다는 것은, 더 아름답고 좋은 결과로 드러나기 때문입니다.

[    한자를 알면 뜻이 보인다    ]

戀慕之情 : 사랑하며[戀] 그리워[慕]하는[之] 정[情]
이성을 사랑하여 간절히 그리워하는 정.

**戀** : 그리워할 련(연), 23획 ————————————— 부수: 心

마음 심(心)과 이어질 련(絲)이 합하여 이루어진 모습으로, '그리워하다'나 '연애하다'
라는 뜻을 가진 글자이다. 실타래처럼 누군가를 그리워하고 사랑하는 감정이 끊임없이
이어지고 있음을 표현한 글자이다.

---

**초련(初戀)** : 처음 초(初)와 그리워할 련(戀)으로, 처음으로 느끼거나 맺은 사랑.

(예문) 그들은 서로의 초련을 간직한 채 성인이 되었다.

---

**慕** : 그리워할 모, 14획 ————————————— 부수: 小

없을 막(莫)과 마음 심(心)이 합하여 이루어진 모습으로, '그리워하다'나 '사모하다'라는
뜻을 가진 글자이다.

---

**애모(愛慕)** : 사랑 애(愛)와 그리워할 모(慕)로, 사랑하며 그리워함.

(예문) 이 노래는 너를 향한 끝없는 나의 애모의 정을 표현한 거야.

---

**之** : 갈 지, 4획 ————————————— 부수: 丿

갑골문자를 보면 발을 뜻하는 止(발 지)가 그려져 있는데 사람의 발을 그린 것으로
'가다'나 '~의', '~에'와 같은 뜻으로 쓰이는 글자이다.

---

**선견지명(先見之明)** : 다가올 일을 미리 짐작하는 밝은 지혜.

(예문) 그녀의 선견지명 덕분에 중요한 정책을 미리 준비할 수 있었다.

---

**情** : 뜻 정, 11획 ————————————— 부수: 忄

마음 심(心)과 푸를 청(靑)이 합하여 이루어진 모습이다. 감정과 정서의 의미로 '뜻'이나
'사랑', '인정'이라는 뜻을 가진 글자이다.

---

**정열(情熱)** : 뜻 정(情)과 더울 열(熱)로, 가슴속에서 일어나는 열렬한 감정.

(예문) 민수는 자신의 온 정열을 다해 사랑한다고 그녀에게 고백했다.

## # 정(情)

**무정세월(無情歲月)** : 덧없이 지나가는 세월.
예문 그는 백발이 되어가는 자신을 보니 무정세월이 원망스러웠다.

**만단정회(萬端情懷)** : 온갖 생각과 감정.
예문 성호는 고향에 돌아가 그립던 어머니의 손을 잡고 만단정회를 풀었다.

**사정사정(事情事情)** : 일의 형편이나 까닭을 간곡히 호소하거나 빌다.
예문 상대편이 사정사정해서 결국 한 수 물렀는데 그래도 그 판에서 내가 이겼다.

〘   연모지정, 이럴 때 이렇게   〙

1. 그 부부는 서로를 사랑하고, 원망하지 않기 위해 연모지정이라는 성어를
   마음속에 품기로 했다.

2. 그녀와 함께 일한 지 1년이 되어가는 시점에서, 마음 한구석에 연모지정이
   생겨났다.

3. 그녀는 30세가 넘었지만, 아직도 연모지정을 품을만한 남자를 발견하지 못했다.

4. 직업이 좋고, 돈을 잘 번다고 해서 이성이 바로 연모지정을 품을 수 있는 것은
   아니다.

5. 그녀가 떠나간 후에야 연모지정이 일어나니, 곧 후회가 밀려왔다.

하루가 천 년처럼 길게 느껴지는
절박한 기다림을 표현할 때

일일천추

# 一日千秋

일일천추(一日千秋)는 하루가 천년 같다는 뜻으로, 간절히 기다리는 마음으로 인해 시간이 아주 더디게 가는 것 같이 느껴질 때를 표현한 성어입니다. 보통은 무언가를 간절히 기다리거나 그리워할 때 사용되는 말입니다. 한자의 속뜻을 보면 일일(一日)은 하루를 의미하며, 천추(千秋)는 천년을 의미합니다. 여기서 추(秋)는 가을을 뜻하지만, 비유적으로 한 해를 뜻하며, 천추는 천년 또는 매우 오랜 시간을 의미합니다. 그래서 하루가 천년처럼 느껴질 정도로 간절히 기다리는 애틋한 마음을 표현하는 말입니다. 일일천추는 우리에게 기다림과 그리움 속에서도 인내와 희망을 잃지 말고 뚜벅뚜벅 걸어가라는 지혜를 주는 메시지입니다.

[ 한자를 알면 뜻이 보인다 ]

一日千秋 : 하루[一][日]가 천[千]년[秋] 같다
매우 애태우며 초조하게 기다림을 비유한 말.

一 : 한 일 , 1획 ——————————————————————— 부수: 一

'하나'나 '첫째', '오로지'라는 뜻을 가진 글자로 一자는 막대기를 옆으로 눕혀놓은
모습을 그린 것이다.

일련(一連) : 한 일(一)과 이을 련(連)으로, 일정한 연관을 가지고 하나로 이어짐.
(예문) 그녀는 최근 발표한 일련의 작품들로 비평가들의 주목을 받고 있다.

日 : 날 일, 4획 ——————————————————————— 부수: 日

태양을 본뜬 것으로 '날'이나 '해', '낮'이라는 뜻이다. 갑골문자에 나온 日(일)을 보면
사각형에 점이 찍혀있는 모습이었다.

기일(期日) : 기약할 기(期)와 날 일(日)로, 정해진 날짜. 기한이 되는 날.
(예문) 기일 내 작업을 끝마치려면 야근을 해야 할 것 같습니다.

千 : 일천 천, 3획 ——————————————————————— 부수: 十

사람의 수를 나타내기 위해 만든 글자로 숫자 '일천'을 뜻하는 글자이다. 갑골문자를
보면 사람을 뜻하는 人(사람 인)의 다리 부분에 획이 하나 그어져 있는데 이것은 사람의
수가 '일천'이라는 뜻이다.

천근(千斤) : 일천 천(千)과 무게 단위 근(斤)으로, 아주 무거움을 이르는 말.
(예문) 그들의 천근의 덩치를 가진 사람들이었다.

秋 : 가을 추, 9획 ——————————————————————— 부수: 禾

벼 화(禾)와 불 화(火)가 합하여 이루어진 모습이며, 가을에 곡식이 익어가는 모습을
火로 표현한 것으로 '가을'이라는 뜻을 가진 글자이다.

만추(晩秋) : 늦을 만(晩)과 가을 추(秋)로, 늦은 가을 무렵.
(예문) 고운 빛깔로 물들어 있는 단풍에서 만추의 아름다움이 함께 느껴졌다.

# 가을

**추풍삭막(秋風索莫)** : 가을바람이 황량하고 쓸쓸하게 분다는 뜻.
〔예문〕 그들의 사업은 경제 위기로 인해 추풍삭막의 처지에 놓였다.

**월백풍청(月白風淸)** : 달은 환하게 빛나고 바람은 시원하게 분다는 뜻.
〔예문〕 밤하늘에 월백풍청의 풍경이 펼쳐져 있었다.

**만추가경(晩秋佳景)** : 가을의 아름다운 경치라는 뜻.
〔예문〕 호수 위에 반사된 달빛은 만추가경의 아름다움을 더했다.

〔 일일천추, 이럴 때 이렇게 〕

1. 나는 사랑했던 그녀를 떠올리며, 매일매일 일일천추 같이 지내왔다.

2. 합격자 발표가 내일인데, 오늘 하루가 일일천추와 같다.

3. 그동안 일일천추 같던 공부를 마치고 드디어 박사학위를 취득했다.

4. 종빈이는 대학 입시가 끝난 후, 그간 일일천추같이 느껴졌던 성적 발표를 기다리며 긴장된 모습을 감출 수 없었다.

5. 여자 친구를 두고 군에 입대하니, 훈련 생활이 일일천추와 같이 느껴졌다.

자식에 대한
부모의 지극한 사랑을 표현할 때

지독지애

# 舐犢之愛

지독지애(舐犢之愛)는 어미 소가 송아지를 핥아주는 사랑이라는 뜻으로, 부모가 자식에 향한 깊고 지극한 사랑을 비유적으로 표현한 말입니다. 보통은 사식에 대한 부모님의 지극한 사랑을 의미하는 뜻으로 쓰이지만, 자식을 사랑하는 나머지 훈육을 게을리 해, 장래를 그르친다는 의미로도 쓰이는 말입니다. 자식에 대한 애정이나 사랑을 주는 것도 중요하지만, 과도한 사랑이나 보호가 오히려 자식의 성장을 방해할 수 있다는 가르침을 주는 지혜의 말이기도 합니다.

깊은 사랑은 사람을 행복하게 만들기도 하지만, 동시에 질투, 집착, 소유욕과 같은 부정적인 감정을 불러올 수 있다는 것을 명심해야 할 것입니다.

[    한자를 알면 뜻이 보인다    ]

舐犢之愛 : 송아지[犢]를 핥아[舐]주는[之] 사랑[愛]
자녀에 대한 어버이의 지극한 사랑을 비유한 말.

**舐** : 핥을 지, 10획 ──────────────── 부수: 舌

혀 설(舌)과 성씨 씨(氏)가 합하여 이루어진 모습으로, 혀를 내밀어 물건에 문지른다는 '핥다'와 '빨다'라는 뜻을 가진 글자이다.

---

**지강급미**(舐糠及米) : 겨를 핥다가 마침내 쌀까지 먹어 치운다는 뜻.

(예문) 그의 욕심은 점점 지강급미가 되어가고 있다.

---

**犢** : 송아지 독, 19획 ──────────────── 부수: 牛

소 우(牛)와 팔 매(賣)가 합하여 이루어진 모습으로, '송아지', '소'라는 뜻을 가진 글자이다.

---

**연독지정**(吮犢之情) : 어미 소가 송아지를 핥아주는 정이라는 뜻으로

(예문) 어머니의 그 행동은 연독지정처럼, 나에게 항상 따뜻한 사랑을 줬다.

---

**之** : 갈 지, 4획 ──────────────── 부수: 丿

갑골문자를 보면 발을 뜻하는 止(발 지)가 그려져 있는데 사람의 발을 그린 것으로 '가다'나 '~의', '~에'와 같은 뜻으로 쓰이는 글자이다.

---

**무아지경**(無我地境) : 마음이 어느 한 곳으로 온통 쏠려 자신의 존재를 잊고 있는 경지.

(예문) 그들은 무아지경으로 몸을 흔들어 대면서 스트레스를 발산하였다.

---

**愛** : 사랑 애, 13획 ──────────────── 부수: 心

손톱 조(爫)와 덮을 멱(冖), 마음 심(心), 천천히 걸을 쇠(夊)가 합해진 모습으로, '사랑하다'라는 뜻을 가진 글자이다. 옛사람들은 심장에서 모든 따뜻한 마음과 생각들이 나온다고 믿어 '사랑하다'를 표현했다고 한다.

---

**애증**(愛憎) : 사랑 애(愛)와 미워할 증(憎)으로, 사랑과 미움.

(예문) 부부 싸움은 칼로 물 베기란 말처럼 애증 속에서도 믿음은 변치 말아야 한다.

### # 어버이

**반포지효**(反哺之孝) : 어버이의 은혜에 보답하는 효를 말함.

예문 부모를 **반포지효**로 모시는 것은 자식의 마땅한 도리이다.

**사친이효**(事親以孝) : 효도로써 어버이를 섬김.

예문 성빈이는 부모님께 **사친이효**의 정신으로 효도를 다하고 있다.

**망운지정**(望雲之情) : 고향에 계신 어버이를 그리워하는 마음.

예문 그는 타지에서 **망운지정**의 시간을 보내며 밤을 지세우고 있다.

〚     지독지애, 이럴 때 이렇게     〛

1. 나는 부모님의 지독지애와 같은 사랑으로, 큰 성공을 이룰 수 있었다.

2. 자녀를 너무 지독지애로 키우면, 나중에 버릇이 나빠지게 된다.

3. 그는 부모님의 지독지애의 사랑을 받고 자라, 다른 사람에게도 사랑을 잘
   베푼다.

4. 그 선생님은 마치 지독지애와 같은 따뜻한 사랑으로 나를 지도해 주셨다.

5. 아이들을 너무 지독지애로 기르면, 온실 속의 화초처럼 약해지게 된다.